Bibliografische Information der Deutschen Nationalbibliothek:
Die Deutsche Nationalbibliothek verzeichnet diese Publikation in der Deutschen Nationalbibliografie; detaillierte bibliografische Daten sind im Internet über www.dnb.de abrufbar.

Gesellschaft für ökologische Kommunikation mbH
Waltherstraße 29, 80337 München

Layout und Satz: Anita Mertz
Lektorat: Christiane Geldmacher
Korrektur: Silvia Stammen
Umschlaggestaltung: Mirjam Höschl, oekom verlag
Umschlagabbildung: © Valmedia/AdobeStock
Druck: EsserDruck Solutions GmbH

ISBN 978-3-96238-310-7

Stefan Hoffmann

Gründet Genossenschaften!

Gemeinsam unsere Zukunft gestalten

Eine Anleitung

Für Jona

»Was dem Einzelnen nicht möglich ist, das schaffen viele.«
Friedrich Wilhelm Raiffeisen (1818–1888)

Inhalt

Einleitung

Das Zusammenleben des Menschen mit seinesgleichen, mit der Tierwelt und der übrigen Biosphäre könnte besser laufen. Die rasante Klimaerwärmung, aber auch viele andere zerstörerische Entwicklungen und Ungerechtigkeiten können für die menschliche Zivilisation und für die Diversität existenzbedrohend werden.

Um zunächst bei nur einem Beispiel zu bleiben, betrachten wir die Klimaerwärmung etwas näher. Bekannt ist sie in Fachkreisen seit Jahrzehnten. In den letzten Jahren ist es aber auch zum Allgemeinwissen geworden, dass wir Menschen den Planeten aufheizen und in weiten Teilen unbewohnbar machen werden, wenn wir nichts dagegen unternehmen.

Warum geschieht dann nur so wenig?

Verhaltensweisen, die einmal existieren, neigen dazu, zu bleiben. Zum einen aus Bequemlichkeit. Zum anderen hängen auch handfeste wirtschaftliche Interessen daran, wie zum Beispiel Gehälter, Steuern und Dividenden. Aber auch Macht und Einfluss sind nicht zu unterschätzen.

Wer Teil des Problems ist, kann schwerlich Teil der Lösung sein. Eigentlich eine altbekannte Volksweisheit. Und dennoch vertrauen wir überwiegend darauf, dass diejenigen gesellschaftlichen Kräfte und Akteure, die uns den Schlamassel eingebrockt und davon profitiert haben, alles hübsch wieder aufräumen und unsere Wirtschaftsstruktur jetzt wirklich schnell nachhaltig machen.

Das wird nicht passieren.

Klassische Energiekonzerne verdienen jedes Jahr Milliarden, indem sie in großem Stil Energie durch zentralistische Strukturen wie Berg- und Tagebau, Öl- und Gasförderanlagen, Pipelines, Häfen und Verbrennungskraftwerke verkaufen.

All diese Riesenbauwerke erfordern am Anfang enorme Investitionen, die von kleineren Zusammenschlüssen nicht zu leisten sind. Die klassische Energiewirtschaft ist deshalb ein kleiner Zirkel von Gleichgesinnten, zu dem kaum jemals neue Akteure hinzustoßen, weil die Eintrittsbarrieren einfach zu hoch sind. Auch in vielen anderen Branchen außerhalb des Energiebereichs haben sich in den vergangenen Jahrzehnten solche Strukturen entwickelt.

Durch die erneuerbaren Energien wird das nun anders – zumindest schon mal im großen Wirtschaftsbereich Energie. Eine kleine Solaranlage (und sei es auch nur eine auf dem Balkon) kann sich inzwischen jeder leisten. Und um auf einem größeren Dach ein PV-Kraftwerk zu installieren, braucht sich nur eine überschaubare Anzahl von engagierten Bürgern zusammenzuschließen.

Aber warum sollten die klassischen Energiekonzerne tatenlos zusehen, wie ihre Kunden zu Konkurrenten werden und sich die Milliardengewinne aus der Energiebereitstellung gleichmäßig über die Bevölkerung verteilen?

Die Antwort ist einfach. Es gibt keinen Grund, dies zu tun. Im Gegenteil: Die klassische zentralistische Energiewirtschaft setzt alles daran, den Kreis derer klein zu halten, die bei Ernte, Transport und Verkauf von Energie mitgestalten und mitverdienen.

Aber die »Gefahr« für die Milliardenkonzerne ist groß – und damit auch die Chance auf einen Wandel. Denn die erneuerbaren Energien sind vom Wesen her dezentral. Jeder kann die Sonne ernten, die auf jeden Punkt dieser Erde scheint. Auf jeden Quadratmeter in Deutschland *regnet* es quasi 100 Liter Öl pro Jahr. Natürlich regnet es kein Öl, aber die Sonnenstrahlen, die pro Jahr auf einen Quadratmeter fallen, enthalten so viel Energie wie 100 Liter Öl. Mit heute gängigen Solarmodulen, lassen sich davon rund 20 Prozent in Strom verwandeln. Oder – mit einer anderen Technik – bis zu 50 Prozent in Wärme.

Und auch den Wind kann theoretisch jedes Dorf ernten. Wenn sich dessen Bewohner zusammentun und gemeinsam in eine Windenergieanlage investieren. Machen das viele, würde niemand mehr die großen Konzerne brauchen. Schon zwei Prozent der Fläche Deutschlands reichen aus, um davon Wind und Sonne für den gesamten Energiebedarf des Landes zu ernten. Und zwar nicht nur den Bedarf an Strom. Zwei Prozent der Fläche Deutschlands reichen aus, um den Energiebedarf sämtlicher Sektoren zu decken: Strom, Wärme, Mobilität und industrielle Prozesse.

Dadurch käme es jedes Jahr in Deutschland zu einer zusätzlichen dezentralen Wertschöpfung in Höhe von 70 Milliarden Euro. In Zahlen: 70.000.000.000 Euro! Dies ist nämlich ungefähr die Summe, die durchschnittlich in den vergangenen Jahren für den Import von klimaschädlichen Energieträgern ins Ausland überwiesen wurde. Ein Großteil dieser Summe dient in den Empfängerländern dazu, undemokratische Regime an der Macht zu halten, die Bevölkerung zu unterdrücken und Kriege zu führen.

Bevor die importierte Energie im Wert von 70 Milliarden Euro beim Endverbraucher landet, ist sie auf mehreren sogenannten Wertschöpfungsstufen nochmal deutlich teurer geworden. Um diese Milliardengewinne zu sichern, wird von den Unternehmen entlang der Wertschöpfungskette ein Teil der Gewinne in Werbung, PR-Aktionen und Lobbyarbeit bei den politischen Entscheidungsträgern in Regierungen und Parlamenten auf allen staatlichen und überstaatlichen Ebenen investiert. Alles mit dem Ziel, die öffentliche und politische Meinung so zu beeinflussen, dass die Rahmenbedingungen für die Großkonzerne günstig und ihre Geschäfte exklusiv bleiben.

Das alles ist meist legal. Aber das Ergebnis dieser Einflussnahme ist katastrophal. Die Energiewende in Deutschland – und in anderen Ländern – kommt dadurch zum Stillstand, noch bevor sie richtig begonnen hat.

Die neueste »Story«, die in den Thinktanks der Konzerne ersonnen wurde und derzeit in die Parteien eingespielt wird, lautet so: Es ist unsozial (!) und deshalb abzulehnen, wenn die Industrieländer ihre Energie aus erneuerbaren Quellen selbst produzieren. Denn dadurch nehmen sie den Entwicklungsländern die Chance, erneuerbare Energien (in

Form von Wasserstoff) in die Industrieländer zu exportieren. Deshalb brauchen wir gar keine weiteren Windräder und Solaranlagen – sondern weitere Riesenanlagen wie Pipelines, Spezialschiffe und Häfen mit Wasserstoffterminals. Wir erzeugen zwar erst rund ein Sechstel unserer insgesamt benötigten Energie auf erneuerbare Weise. Aber den Rest importieren wir jetzt einfach.

Das klingt zwar erst einmal nicht völlig abwegig, weil Deutschland, über alle Waren und Dienstleistungen gerechnet, zur Zeit einen Exportüberschuss abzubauen hat und Entwicklungshilfe grundsätzlich positiv ist.

Aber dennoch könnte nichts falscher sein. Die Energiewende würde dadurch auf den Sankt Nimmerleinstag verschoben. Es gibt noch kein einziges Land auf dieser Erde, das so viel Energie aus erneuerbaren Quellen erzeugt, dass es überhaupt für dessen Eigenbedarf reicht – erst recht nicht so viel, dass ein Überschuss exportiert werden könnte. Und kein einziges Land steht auch nur kurz davor, dies zu erreichen. Sofern das überhaupt einem Entwicklungsland früher als einem Industrieland gelingt, so wären bis dahin dennoch viele Jahre verloren, in denen der Klimawandel weiter voranschreiten wird.

Der Kampf der klassischen Energiewirtschaft für den Erhalt des Status quo ist in allen Ländern dieser Erde mehr oder weniger der gleiche wie in Deutschland. Darum gilt: Selbst wenn in manchen Ländern die Sonne öfter scheinen und der Wind stärker wehen sollte als in Deutschland, so wird der Wandel hin zu deren Nutzung in den meisten Fällen trotzdem nicht schneller gehen als derzeit hierzulande. Und sollte es dazu kommen, dass in einzelnen Ländern eines Tages erneuerbare Energien für den Export produziert werden, so wird in den allermeisten Fällen die Bevölkerung in diesen Ländern nicht davon profitieren können.

Denn die Strukturen, die dort bisher zentralistisch waren, würden zentralistisch bleiben. Zum einen weil Deutschland dann für die bisherigen und gleichsam zukünftigen Akteure in diesen Ländern einen lukrativen Exportmarkt geschaffen haben würde, was deren Gewinne und somit deren Einfluss stärkt. Und zum anderen weil Deutschland darauf verzichtet haben würde, zu zeigen, dass ein Modell mit 100 Prozent erneuerbaren Energien und dezentralen Akteuren und Strukturen funktioniert und gleichzeitig Wohlstand für alle schafft.

Deutschland kann und muss also bei der weltweiten Energiewende eine Vorbildfunktion übernehmen. Insbesondere auch aus folgenden Gründen:

Ein Land zu 100 Prozent aus unregelmäßig auftretenden erneuerbaren Energien zu versorgen, und zwar rund um die Uhr an 365 Tagen im Jahr, ist eine enorme Aufgabe – in technischer, wirtschaftlicher und politisch-gesellschaftlicher Hinsicht.

Nur wenige Länder dieser Erde haben derzeit wie Deutschland in allen drei dafür entscheidenden Kategorien die Mittel, um solch eine historische Aufgabe zu bewältigen:

- In Deutschland gibt es eine relativ freiheitliche Gesellschaft, die solch einen historisch einmaligen Wandel hervorbringen kann.
- Deutschland hat eine Vielzahl von technologisch führenden Unternehmen, Ingenieuren und Forschungseinrichtungen.
- Deutschland kann es sich wirtschaftlich leisten.

Die eigentliche Herausforderung bei der Energiewende liegt nämlich in der Systemintegration. Strom aus Wind und Sonne zu erzeugen, ist prinzipiell nicht schwer. Die Technik ist erfunden, kostengünstig und ausgereift. Was noch fehlt, ist ein System, in dem die Anreize für alle Marktteilnehmer (Erzeuger und Verbraucher) so gestaltet sind, dass es sich einerseits lohnt, bei Knappheit Strom ins Netz einzuspeisen und Verbrauch zu verschieben sowie andererseits bei einem Überangebot an Wind und Sonne entweder die Speicher aufzufüllen oder den Verbrauch vorzuziehen. Erforderlich hierfür sind diskriminierungsfreie Marktzugänge für alle Verbraucher und Produzenten sowie kurzfristige Preisbildungsmechanismen, die frei sind von Abgaben und Manipulationsmöglichkeiten. Quasi eine automatisierte Strombörse, zu der alle Menschen zu jeder Zeit Zugang haben. Auch hierfür ist die Technik prinzipiell vorhanden. Die Herausforderungen bei der Gestaltung der Rahmenbedingungen sind auch hier politisch-gesellschaftlicher Natur.

Zudem hat Deutschland den Klimawandel jahrzehntelang mit befeuert und wirtschaftlich enorm davon profitiert. Als Mitverursacher hat Deutschland daher allein schon aus ethischen Gründen die Pflicht, die weltweite Energiewende so schnell wie möglich voranzubringen. Denn der Klimawandel wird keine Jahrzehnte mehr warten. Im Gegenteil, er wird sich stark beschleunigen.

Hier kommen die verantwortungsvollen Bürger*innen ins Spiel. Denn Bürgergenossenschaften können ein wichtiger Teil dieses Wandels sein. Bürgergenossenschaften entsprechen vom Wesen her genau den erneuerbaren Energien. Sie sind dezentral.

Natürlich kann man – und sollte man – Bürgergenossenschaften auch für alle anderen wichtigen Themen dieser Zeit gründen. Und dieses Buch liefert auch für viele dieser anderen Themen Beispiele und Ermutigung. Da der Klimawandel mit das drängendste unter diesen Themen ist und meine Erfahrungen mit Bürgergenossenschaften sich überwiegend aus *Energie*genossenschaften speisen, habe ich die Darstellungen in dieser Einleitung auf Energiegenossenschaften bezogen. Nach der Lektüre werdet ihr jedoch genauso in der Lage sein, auch zu allen anderen Themen eine Bürgergenossenschaft ins Leben zu rufen, denn das Prozedere für die Gründung und deren Vorbereitung ist immer das gleiche.

Wir halten fest: Genossenschaften sind in der Regel dezentral organisiert. Aber was spricht noch für Genossenschaften?

Bürgergenossenschaften sind in hohem Maß demokratisch. Jedes Mitglied einer Genossenschaft hat in der Regel genau eine Stimme. Und zwar unabhängig vom investierten Kapital. Wer 100 Euro investiert, hat eine Stimme. Wer 100.000 Euro investiert, hat ebenfalls nur eine Stimme. So ist gewährleistet, dass Entscheidungen getroffen werden, die gut sind für eine Mehrheit von Menschen, nicht für eine Mehrheit des Besitzes.

Ganz im Gegensatz zu einer Aktiengesellschaft (AG) beispielsweise. Wer 50,1 Prozent der Aktien einer AG besitzt, der hat das Sagen. Ganz gleich, ob die übrigen 49,9 Prozent vielen Tausend Menschen gehören. Ihre Stimmen zählen letztendlich nicht.

Bei Bürgergenossenschaften zählt jede Stimme. Und zwar ständig. Deshalb sind Genossenschaften nicht nur in der Lage, dezentral Wertschöpfung zu schaffen. Potenziell sind Genossenschaften auch in der Lage, politischen Einfluss auszuüben.

Kein Lokalpolitiker, der wiedergewählt werden möchte, ist je dabei beobachtet worden, wie er *dauerhaft* gegen die Interessen von mitgliederstarken lokalen Zusammenschlüssen gehandelt hat. Große Sportvereine, Schützenvereine, Freiwillige Feuerwehren, um nur einige Beispiele zu nennen, haben gute Argumente, dass Politik in ihrem Sinne gemacht wird. Denn die Mitglieder - und ihre Freunde und Verwandten - sind zahlreich. Und gleichzeitig sind sie Wähler. Wer es sich mit einem mitgliederstarken Zusammenschluss verscherzt, darf nicht davon ausgehen, dass das bis zur nächsten Wahl vergessen ist. Deshalb besteht der Einfluss einer mitgliederstarken Vereinigung auch an jedem Tag zwischen den Wahlen.

Genossenschaften sind solche potenziell mitgliederstarken Zusammenschlüsse. Sie können auf lokaler Ebene direkt Einfluss auf politische Entscheidungen nehmen. Zusätzlich kann durch überregionale Zusammenschlüsse von Bürgergenossenschaften zu starken Dachverbänden Einfluss auf Landespolitik und Bundespolitik genommen werden.

Entscheidend ist auch dabei die Zahl der Mitglieder. Und das Potenzial ist riesig. In Deutschland gibt es rund 7.000 Städte und Gemeinden mit mehr als 1.000 Einwohnern.[1] Wenn Bürger*innen in jeder dieser Gemeinden nur eine einzige Bürgergenossenschaft mit 100 Mitgliedern gründen, wären damit bereits 700.000 Wahlberechtigte organisiert. Würde man den Netzwerkeffekt beispielsweise lediglich mit Faktor 4 bewerten, also die Anzahl der Menschen im familiären und sonstigen Umfeld der Mitglieder, reden wir von 3.500.000 Menschen, die bei ihren Wahlentscheidungen stark berücksichtigen werden, welche Partei Politik für oder gegen die dezentralen genossenschaftlichen Interessen in Deutschland macht. Das sind knapp sechs Prozent aller in Deutschland Wahlberechtigten. Allein diese sechs Prozent würden zum Einzug in den deutschen Bundestag ausreichen. Keine Partei könnte es sich leisten, gegen diese genossenschaftlich organisierten Wählerstimmen Politik zu machen.

Die Energiewende und generell gesellschaftlicher Wandel kann also gelingen, wenn die Bürger*innen sie von der Basis aus mitgestalten. Denn auch bei vielen anderen wichtigen Themen funktionieren diese Mechanismen. Zum Beispiel sind für solidarische Landwirtschaft oder Mobilität (Carsharing, Bürgerbus) ebenfalls bundesweite Netzwerke aus vielen Tausend Bürgergenossenschaften vorstellbar – und dringend notwendig. Also:

Gründet Bürgergenossenschaften!
Wie das geht, erfahrt ihr in diesem Buch.

Lüdenscheid, im April 2021
Stefan Hoffmann

Kapitel 1

Warum wir viel mehr Genossenschaften brauchen

Durch Genossenschaften nehmen Menschen ihre Wirtschaft in die eigenen Hände. Das beschreibt es in erster Näherung.

In Genossenschaften arbeiten Menschen zusammen. Sie ko-operieren. In vielen Ländern schlägt sich dies auch im Namen nieder. Dort sind Genossenschaften als Kooperativen bekannt (englisch: cooperative, co-operativ, co-op; französisch: coopérative; spanisch: cooperativa).

Wesentlich ist aber nicht nur, dass Menschen zusammenarbeiten (das tun sie in gewöhnlichen Unternehmen auch), sondern dass der Gewinn ihrer Arbeit am Ende des Tages ihnen gehört.

Handelsrechtlich ist eine Genossenschaft eine sogenannte Gesellschaftsform, so wie beispielsweise eine GmbH & Co. KG, eine OHG oder eine Aktiengesellschaft (AG) handelsrechtliche Gesellschaftsformen sind.

Organisiert ist eine Genossenschaft aber eher wie ein (eingetragener) Verein (e. V.). Wenn man sagt, eine Genossenschaft sei in etwa wie eine Mischung aus Aktiengesellschaft und Verein, liegt man nicht ganz falsch. Aber nicht in dem Sinne, dass zum Beispiel einem Großaktionär ein ganzer Fußballverein gehört, sondern im Gegenteil eher wie ein Unternehmen, das seinen Beschäftigten gehört.

Damit wären wir schon beim Kern einer der größten gesellschaftlichen Herausforderungen unserer Zeit: Wem etwas gehört, der bestimmt allein darüber, was damit geschieht. Wenn ich einen Kühlschrank besitze, muss ich mir von meinem Nachbarn nicht sagen lassen, was ich dort hineinstelle und was nicht. Mit meiner Kleidung, meinen Möbeln, meinem Fahrrad verhält es sich genauso. Das nennt sich Eigentumsrecht. Grundsätzlich eine sehr praktische und bewährte Erfindung.

Problematisch wird es, wenn jemand sehr, sehr viel besitzt. Dann bestimmt jemand auch sehr, sehr viel. Traditionsreiche Fußballvereine, die zum Spielzeug von geltungssüchtigen Milliardären degeneriert sind, sind dafür nur ein äußeres Zeichen. Aber auch Produktions- oder Dienstleistungsunternehmen mit Hunderten oder gar Tausenden von Mitarbeitern gehören oft einem einzigen Menschen oder einer kleinen Gruppe von Menschen. Solche Konstellationen sind meist historisch-dynastisch entstanden und stellen für sich genommen meist noch kein demokratiegefährdendes Problem dar. Dieses Problem bildet sich aber zunehmend heraus, wenn die Konzentration des Besitzes in immer weniger Händen immer mehr zunimmt.

Und leider tut sie das: In Deutschland besaß im Jahr 2019 das reichste Prozent (ein Prozent!) der erwerbsfähigen Bevölkerung 35 Prozent des gesamten privaten Vermögens, also 35 Prozent des Wertes allen Geldes, aller nicht öffentlichen Gebäude und aller Unternehmen.[2]

Den reichsten zehn Prozent der Bevölkerung gehören schon rund zwei Drittel des Vermögens. Im Umkehrschluss bedeutet das, dass sich 90 Prozent der Bevölkerung das restliche Drittel teilen müssen. Und hier ist die Ungleichverteilung ähnlich. Es gehört nicht viel Fantasie dazu, sich auszurechnen, dass die ärmere Hälfte der Bevölkerung, also rund 40 Millionen Menschen in Deutschland, praktisch gar nichts besitzt und Monat für Monat von der Hand in den Mund lebt.

In vielen Ländern dieser Erde ist die Ungleichverteilung sogar noch extremer. Und sie nimmt stetig zu. Wie bei dem Brettspiel Monopoly ist es auch im wirklichen Leben wie ein gesellschaftliches Naturgesetz, dass ein einmal entstandenes Ungleichgewicht aufgrund der herrschenden Spielregeln weiter und immer schneller zunimmt.

Das ist bei näherer Betrachtung nicht verwunderlich: Wer einmal so viel Vermögen beisammen hat, dass allein die Früchte des Vermögens (Zinsen, Mieteinkünfte, Unternehmensgewinne) für den Lebensunterhalt genügen, braucht nicht mehr zu arbeiten. Ihre gesamte Zeit (und einen Teil ihrer immer weiter wachsenden Einkünfte) können Angehörige dieser privilegierten Gruppe fortan nutzen, um Einfluss auf diejenigen zu nehmen, die die Spielregeln gestalten: Politiker und andere gesellschaftliche Akteure. Nur so ist es auch zu erklären, warum wir in Deutschland beispielsweise keine Vermögenssteuer mehr haben, wohingegen aber selbst geringe Einkünfte oberhalb einer sehr niedrigen Freigrenze nennenswert besteuert werden. Es klingt verrückt, wenn man sich vorstellt, dass die Chipleader bei Monopoly die Spielregeln während der Partie so ändern, dass es für die Schlossallee doppelte Mieten gibt; für die Badstraße, einzelne Bahnhöfe und das Ziehen über Los jedoch nur noch die Hälfte. Aber die Kräfte, die in allen Zeiten und auch gerade in diesem Moment am Werk sind, arbeiten beständig an genau solchen Veränderungen für die Verteilung von Einkommen, Vermögen und Macht auf unserem Planeten.

Warum tun Menschen das? Warum will jemand, der genug, viel, viel zu viel hat, noch mehr bekommen? Vielleicht ist die Antwort in der Geschichte und in der Psychologie zu finden. Im Verlauf der Geschichte gab es immer wieder gesellschaftliche Konstrukte extremer Ungleichheit. Es gab die Plutokratie, die Leibeigenschaft, das Feudalwesen, die Aristokratie, die Monarchie und viele andere Spielarten für die Herrschaft eines kleinen Personenkreises über die macht- und mittellose Mehrheit einer Gesellschaft. Und immer haben die Besitzenden es geschafft, Gründe zu erfinden, warum viele Menschen wenig und wenige Menschen viel besitzen sollen. Oft hielten Vermögende allein sich selbst und ihresgleichen für vollwertige Menschen und verglichen Besitzlose eher mit Tieren. Manche begnügten sich mit offener Verachtung. Die Armen waren zwar Menschen, aber sie waren selbst schuld an ihrer Armut. Schließlich waren sie faul. Wären sie oder ihre Vorfahren fleißig gewesen, hätten sie es wie die Reichen und deren Vorfahren geschafft, sich etwas aufzubauen. Manche stilisierten sich von Unterdrückern zu Wohltätern: Hätten sie den Armen nicht die Möglichkeit geboten, durch prekäre Jobs wie die der Tagelöhner zumindest ein Minimum an Einkünften zu erzielen, so wären sie womöglich (noch früher) verhungert. Die Angehörige der reichen Klasse, die anderen die Möglichkeit gaben, für sie zu arbeiten, waren in ihrer Selbstwahrnehmung Wohltäter.

Vielleicht sind solche Konstrukte heute noch in den Köpfen von reichen Menschen aktiv. Wie schwer muss es auszuhalten sein, das Elend in der Welt Tag für Tag in den Nachrichten zu sehen, wenn man so weit weg von all dem und selbst auf vielerlei Art in Luxus gebettet ist? Besonders ein Erbe einer Unternehmerfamilie muss vermutlich eine Menge Gedankenarbeit leisten, bis er ein Narrativ findet, durch das der eigene Reichtum, für den er nicht einen Finger gekrümmt hat, mit dem kläglichen Dasein von Millionen von anderen Menschen vereinbar ist. Millionen Menschen, die trotz harter Arbeit eben genug zum Leben haben und deren Tage oft von Entbehrung, Verzweiflung und der Sorge um die Zukunft geprägt sind.

Aber auch wer sich nicht an der Beschleunigung der Ungleichverteilung beteiligt, profitiert beständig von dem Mechanismus, der aus Vermögen in der Regel immer mehr Vermögen macht. Selbst Milliardäre, die die Philanthropie für sich entdeckt zu haben scheinen, werden meist immer noch reicher, obwohl sie eine Milliarde nach der anderen in Stiftungen und wohltätige Zwecke stecken. Das bekannteste Beispiel: Wer sich die Entwicklung des Aktienkurses von Microsoft anschaut, wird unschwer erkennen können, dass Bill Gates seit seinem Ausscheiden aus der Geschäftsführung bei Microsoft im Jahre 2008 bis heute Jahr für Jahr um viele Milliarden Dollar reicher geworden ist.

Worauf ich hinaus will: Wir sind nicht mehr allzu viele »Spielrunden« und Gesetzesänderungen davon entfernt, dass wieder einige wenige reiche Menschen und Familien ganze Gesellschaften mehr oder weniger besitzen. Solch eine Zuspitzung der Vermögensverhältnisse war im Laufe der Geschichte immer für fast alle Beteiligten ein auf Dauer unerträglicher Zustand. Deshalb wurden sie auch immer irgendwann überwunden. Meist allerdings mit sehr blutigen Aufständen, Revolutionen, Kriegen und Bürgerkriegen. Das Spiel der Konzentration von Geld und Macht in immer weniger Hände konnte von Neuem beginnen.

Es bleibt zu hoffen – und aktiv daran mitzuarbeiten – dass der Menschheit bei der aktuell laufenden abermaligen Zuspitzung der Vermögenskonzentration eine unblutige und nachhaltige Überwindung gelingt.

Was können Genossenschaften?

Natürlich können Genossenschaften das nicht allein leisten. Aber sie sind ein Anfang und können letztlich entscheidende Bausteine einer fairen und dauerhaft stabilen Gesellschafts- und Vermögensordnung sein.

Genossenschaften können im wirtschaftlichen Bereich das umsetzen, was im politischen Bereich »Subsidiaritätsprinzip« genannt wird. Subsidiarität (lateinisch *subsidium:* Hilfe, Reserve) ist eine Maxime, die eine größtmögliche Selbstbestimmung und Eigenverantwortung des Individuums, der Familie oder der Gemeinde anstrebt, soweit dies möglich und sinnvoll ist. Das Subsidiaritätsprinzip besagt, dass (höhere) staatliche Institutionen dann – und nur dann – regulierend eingreifen sollen, wenn die Möglichkeiten des Einzelnen, einer kleineren Gruppe bzw. der jeweils niedrigeren Hierarchie-Ebene allein nicht ausreichen, um eine bestimmte Aufgabe allein zu lösen.[3]

Genossenschaften können so nicht nur eine bessere Verteilungsgerechtigkeit schaffen. Durch die Förderung von Selbstbestimmung und Eigenverantwortung fördern sie auch die Mündigkeit der Bürger*innen. Die gesamte Gesellschaft wird somit partizipativer. Bestehende Demokratiedefizite werden abgebaut.

Nun eignet sich nicht jede wirtschaftliche Aktivität gleichermaßen dazu, in genossenschaftlicher Form organisiert zu werden. Zum Beispiel kann man sich ein Stahlwerk kaum als Genossenschaft vorstellen. Zumindest nicht derart, dass sich eine Handvoll Bürger*innen zusammenfindet und anfängt, ein Stahlwerk aufzubauen und zu betreiben. Leichter vorstellbar ist es, dass ein Unternehmen (Stahlwerk, Bank etc.) in die Rechtsform einer Genossenschaft umgewandelt wird und die Anteile den Arbeitnehmer*innen, den Lieferanten, den Kundinnen zum Kauf angeboten werden. Oder wahlweise bzw. ergänzend den Gläubigern zum Tausch. In diesem Fall tauschen diejenigen, die dem Unternehmen Geld geliehen haben, ihre Rückzahlungsansprüche gegen Anteile am Unternehmen. Aus Fremdkapital (aus Sicht des Unternehmens) wird dadurch Eigenkapital. Auf diese Weise entstand zum Beispiel aus der insolventen Prokon Regenerative Energien GmbH 2015 die größte Bürgerenergiegenossenschaft Deutschlands mit 37.000 Mitgliedern. Dieser Top-down-Ansatz ist also auch möglich, um Wirtschaft verstärkt in Bürgerhand zu verankern. Nur kann dieser auch nur Top-down angestoßen werden. Und dafür müsste er erfolgreich von den Bürgern eingefordert werden.

Da dies ein weiter Weg ist, soll es in diesem Buch erst einmal um den umgekehrten Weg gehen, den Bottom-up-Ansatz. Bürger*innen schließen sich zu Genossenschaften zusammen und produzieren Waren oder Dienstleistungen, die vor Ort benötigt und verbraucht werden. Dadurch nehmen sie den zentralistisch organisierten Unternehmen Marktanteile ab und schaffen Wertschöpfung in der Region.

Dezentrale Produktion hat einen nicht zu leugnenden Nachteil: Wenn nur geringe Stückzahlen hergestellt werden, fehlen in der Regel Effizienzvorteile, die durch Massenproduktion entstehen. Dieser

Nachteil kann aber ein Vorteil sein: Es fallen lange Lieferketten aus arbeitsteilig hergestellten Vorprodukten weg, die teilweise mehrfach um die Welt reisen. Entlang dieser Lieferketten gibt es viele Beteiligte, die auf ihrer jeweiligen Wertschöpfungsstufe oder für Transport oder Handel auch etwas verdienen wollen. Von den ökologischen und sozialen Defiziten, die solch globale Lieferketten mit sich bringen können ganz zu schweigen. So ist es im Ergebnis oft möglich, Waren und Dienstleistungen dezentral zu vergleichbaren oder sogar zu günstigeren Preisen als die Massenwaren anzubieten sowie einen, wenn auch meist schmalen Gewinn für die Eigentümer der Genossenschaft zu erwirtschaften. Vorausgesetzt, dass die zentralistisch organisierten Anbieter kein allzu wettbewerbsverzerrendes Dumping anwenden, wie Lohndumping, Umweldumping, etc.

Da die Lieferketten weniger komplex sind, sind sie auch besser durchschaubar und gestaltbar. Die Vorprodukte, die die Genossenschaft zur Produktion ihrer Waren oder Dienstleistungen einsetzt, können teilweise ebenfalls dezentral und möglicherweise ebenfalls durch Genossenschaften hergestellt werden. Wenn die Genossenschaft entscheidet, welche Vorprodukte zum Einsatz kommen, ist es zudem leichter, solche zu wählen, die nachhaltig (ökologisch, vegan) hergestellt und fair gehandelt wurden.

Gegen das Verschwinden von Billionen

Wenn Menschen, die im materiellen Sinne nicht reich sind, zu Geld kommen, geben sie es überwiegend recht bald für Dinge und Dienstleistungen aus, die ihr Leben einfacher, sicherer, schöner, gesünder machen. Das Geld gelangt dadurch zurück in den Kreislauf. Kommt es wieder zu Menschen, deren finanzielle Möglichkeiten überschaubar sind, geben auch diese es zu einem großen Teil rasch wieder aus. Der allgemeine Wohlstand und der Kreis der Menschen, die daran teilhaben, wächst, solange der Kreislauf des Geldes nicht unterbrochen wird (oder sich nicht allzu sehr verlangsamt – aber das zu betrachten, ginge an dieser Stelle tief in die ökonomische Theorie).

Wenn hingegen Menschen, die reich sind, zu Geld kommen, legen sie es meist zu dem Haufen anderen Geldes. Der *Haufen* ist in diesem Fall eine Anzahl an Investments. Das zusätzliche Geld wird ebenfalls investiert. In den Wirtschaftswissenschaften würde man sagen: Das Geld wird zu Kapital. Damit wird es dem Geldkreislauf entzogen. Mit jeder neuen Runde dieses *Wirtschaftsspiels* gelangt immer mehr Geld in Form von Gewinnen aus den Investments zu den Menschen, die zu viel davon haben, um es noch zur Verbesserung ihrer Lebensumstände ausgeben zu können. Und auch dieses Geld wird daher zusätzlich investiert.

In der Folge landet Jahr für Jahr ein größerer Teil der Wirtschaftsleistung einer volkswirtschaftlichen Gemeinschaft wie beispielsweise der Bundesrepublik Deutschland bei immer weniger Menschen. Die ökonomische und damit auch die soziale Ungleichheit wächst.

Zusätzlich gibt es Inflation bei den Investitionsgütern. Das Angebot an Immobilien, Gold, Kunst und Aktien wächst nicht so schnell, wie das Vermögen der Superreichen – dadurch steigen die Preise. Was zur Folge hat, dass Investitionsgüter für gewöhnliche Arbeitnehmer immer unerschwinglicher werden. Der Graben zwischen den Reichen und den Nichtreichen vertieft sich so immer mehr.

Bürgergenossenschaften können ein Mittel sein, diese im Endeffekt gesellschaftszerstörenden Phänomene zu verlangsamen oder im Zusammenspiel mit ergänzenden politischen Beschlüssen ganz zu überwinden. Sollte es das Genossenschaftswesen schaffen, einen großen Teil der Bevölkerung zu begeistern und zum Mitmachen zu bewegen, könnte der beschriebene Prozess der Umverteilung von unten nach oben verlangsamt, aufgehalten, vielleicht sogar umgekehrt werden.

Die Gewinne, die Genossenschaften erwirtschaften, schütten sie an ihre Anteilseigner aus. Diese sind in der Regel nicht reich und bringen das Geld wieder zurück in den Kreislauf. Wenn es viele Wirtschaftsbereiche gibt, in denen Bürgergenossenschaften aktiv sind, wandert das Geld immer häufiger durch Genossenschaften und damit durch die Hände vieler Bürger*innen. Die Mitglieder der Energiegenossenschaft kaufen beispielsweise von ihren Gewinnen Lebensmittel bei der Genossenschaft für solidarische Landwirtschaft. Die Mitglieder der Genossenschaft für solidarische Landwirtschaft wiederum bezahlen von ihren Gewinnen einen Teil der Miete für ihre Wohnung bei der Wohnungsgenossenschaft. Und so weiter…

Genossenschaftlich die Wirtschaft fairer und nachhaltiger gestalten – gegen mächtige Mechanismen

Mächtiger Mechanismus 1

Die Gewinnmaximierung von anonymen Großunternehmen

Alles Streben eines anonymen Großunternehmens ist letztlich auf ein einziges Ziel gerichtet: Gewinnmaximierung. Diesem Ziel sind alle anderen Ziele untergeordnet, auch wenn wohlklingend gedichtete Unternehmensleitbilder immer etwas anderes behaupten. Der Vorstand, der sich vor den Aktionären des Unternehmens zu verantworten hat, wird ausschließlich am Gewinn gemessen bzw. an dem Gewinn, den das Unternehmen im laufenden und im darauf folgenden Jahr erwartet. Und auch der Wert eines Unternehmens hängt fast ausschließlich vom Jahresgewinn ab. Bei Börseninformationsdiensten ist eine der wichtigsten Kennzahlen das sogenannte Kurs-Gewinn-Verhältnis, also der Aktienkurs geteilt durch den Jahresgewinn pro Aktie. So kann jeder Investor immer leicht ablesen und entscheiden, ob er Aktien dieses Unternehmens kaufen möchte. Oder ob er sie verkaufen möchte.

Dass Gewinn, der im laufenden und im kommenden Jahr erwartet wird, fast allein ausschlaggebend für diese Entscheidungen ist, kann man jederzeit leicht nachprüfen. Einfach einen beliebigen Börseninformationsdienst im Internet aufrufen und sich dort die Kennzahlen einer beliebigen Aktiengesellschaft anzeigen lassen. Noch einfacher: bei einer Suchmaschine den Namen einer beliebigen Aktiengesellschaft und das Wort *Kennzahlen* eingeben. Beim Durchsehen der Treffer, die fast ausschließlich aus den entsprechenden Seiten verschiedener Börseninformationsdienste bestehen werden, werdet ihr feststellen, dass die aufgeführten und somit als relevant eingestuften Kennzahlen bei allen Diensten nahezu die gleichen sind. Die Prognosen betreffen fast überall nur das laufende Jahr und das Folgejahr. Alles darüber hinaus ist für den Aktienkurs und Investitionsentscheidungen irrelevant.

Unternehmenslenker fahren also auf Sicht. Alles, was über diesen äußerst kurzen Zeithorizont hinausgeht, ist für sie nur von untergeordneter Entscheidungsrelevanz. Vorstände bekommen in der Regel auch nur recht kurzfristige Arbeitsverträge. Bei anstehenden Vertragsverlängerungen entscheiden dann die erwarteten Gewinne des laufenden und des folgenden Jahres häufig darüber, ob die Arbeitsverträge der Vorstände verlängert werden. Ob die von den Vorständen zur kurzfristigen Gewinnmaximierung getroffenen Entscheidungen dem eigenen Unternehmen mittel- oder langfristig die Geschäftsgrundlage möglicherweise vollständig entziehen, ist für sie nicht von Bedeutung. Das ist das Problem ihrer Nachfolger.

Das sollte mehr als deutlich machen: Wenn schon die Entscheidungen in Unternehmen, die ihre eigene wirtschaftliche Zukunft betreffen, sich der kurzfristigen Gewinnmaximierung unterordnen, dann können die Entscheidungen in diesen Unternehmen erst recht nicht die Zukunft der menschlichen Zivilisation und der Natur berücksichtigen.

Man kann leider von Organisationen, die zwar von Menschen geleitet werden, aber grundsätzlich nur dem Programmcode der Gewinnmaximierung folgen, keine moralischen Zweifel, ethisches oder auch nur kluges selbsterhaltendes Handeln erwarten. Der Gewinn-

maximierungs-Code der Unternehmen kennt so gut wie keine Neben- oder Abbruchbedingungen.
Und dessen muss sich eine Gesellschaft bewusst sein, wenn sie sich dazu entschließt, zur Produktion von Waren und Dienstleistungen anonyme kapitalintensive Großunternehmen mehr oder weniger ungezügelt wirken zu lassen, anstatt die Produktion von Gütern nach dem Subsidiaritätsprinzip so dezentral wie möglich zu organisieren und damit auch die Kontrolle näher an den Verbraucher heranzurücken.

Mächtiger Mechanismus 2
Die menschliche Fähigkeit, sich die Dinge schön zu denken

Es ist für viele Menschen schwer, einmal gefestigte Weltsichten wieder zu ändern. Die Welt, in der wir leben, ist allerdings stetigem Wandel unterworfen. Daher haben wir zahlreiche Strategien und Mechanismen entwickelt, mit diesem Wandel umzugehen, ohne entweder wahnsinnig zu werden oder ständig in Aktivismus verfallen zu müssen. Beim ständigen Abgleich zwischen dem eigenen Weltbild und der sich wandelnden Welt entsteht auf diese Weise das, was Wissenschaftler *kognitive Dissonanz* nennen, also ein intellektueller Missklang, eine gedankliche Disharmonie. Wie beim Hören von Musik werden Disharmonien als unangenehm empfunden. Gesunde Menschen können meist nicht mit kognitiven Dissonanzen leben. Ihre Gehirne lösen sie in Sekundenbruchteilen in die eine oder andere Richtung auf, nachdem die Information über die Abweichung der realen Welt vom eigenen Weltbild eingetroffen ist.

Ein Beispiel: Du bist Fan des Fußballvereins Borussia Dortmund. Den neu zugezogenen Nachbarn magst du nicht. Du kennst ihn von früher. Damals hattet ihr einmal eine unschöne Auseinandersetzung. Plötzlich siehst du, dass dein Nachbar ein Trikot von Borussia Dortmund trägt. Für dein Gehirn passen diese beiden Dinge nicht zusammen. Es entscheidet sofort, seine Weltsicht anzupassen. Fortan wirst du entweder Borussia Dortmund nicht mehr so toll finden wie vorher, weil es solche Fans hat wie den Typ von nebenan. Oder du wirst deinen Nachbarn nun nicht mehr ganz so kritisch sehen. Denn so ein schlechter Mensch kann er nicht sein, wenn er BVB-Fan ist.

Ganz selten sind die Änderungen am Weltbild dramatisch. In den meisten Fällen wird jeweils nur ein Pinselstrich hinzugefügt oder eine Kleinigkeit übermalt. Dann merken wir nicht einmal, dass in unserem Denken gerade eine kognitive Dissonanz entstanden ist und unmittelbar wieder aufgelöst wurde. Es passiert ständig und unbewusst. In Summe können aber nach und nach durchaus einige schräge, hässliche, utopische oder dystopische Bereiche auf der Leinwand des Weltbilds eines Menschen entstehen. Solche für Außenstehende oft schwer nachzuvollziehende Elemente entstehen vornehmlich dann, wenn sich Menschen einem Rechtfertigungsdruck ausgesetzt sehen, nachdem sie Entscheidungen treffen mussten, die sie lieber nicht getroffen hätten.

Nehmen wir an, eine Ingenieurin und Mutter leitet die Planung und Erschließung neuer Ölfelder für einen Ölkonzern. Welche Wege sie dahin gebracht haben, für einen Ölkonzern zu arbeiten, lassen wir hier beiseite. Der Ölkonzern möchte als Nächstes in einem Naturschutzgebiet nach Öl bohren. Naturschutzgebiete findet die Ingenieurin eine gute Sache. Ihren sicheren Job findet sie aber auch eine gute Sache, zumal sie ihren Kindern von ihrem Gehalt Heim und Nahrung bieten möchte. Sie entscheidet sich, den Auftrag anzunehmen, und plant für den Ölkonzern die Bohrung im Naturschutzgebiet. Viele hätten anders entschieden, viele aber genau wie sie. Ihr Blick auf Naturschutzgebiete oder auf ihre Schutzwürdigkeit ändert sich. Sie befreit sich von ihren Schuldgefühlen.

Was in unserem fiktiven, sehr grob skizzierten Beispiel im gar nicht so Kleinen abläuft, funktioniert auf vergleichbare Weise auch im Großen: Bill McKibben, Träger des Alternativen Nobelpreises und Gründer der Klimaschutzorganisation 350.org, beschreibt in seinem Buch *Die taumelnde Welt* detailliert, wie Wissenschaftler des damals weltgrößten Ölkonzerns Exxon im Jahr 1977 erstmals eindeutige Beweise für die schon länger vermutete Klimaerwärmung fanden, damals noch Treibhauseffekt genannt. Diese neue Erkenntnis war kaum mit dem selbst gesteckten Auftrag von Exxon vereinbar: Geld zu verdienen, indem Menschen Öl verbrennen, das Exxon aus der Erde pumpt. Deshalb startete Exxon eine beispiellose vielschichtige Kampagne, in der der Konzern die Klimaerwärmung wahlweise leugnete, verharmloste oder sogar glorifizierte, zum Beispiel mit der Fernsehwerbung »Kohlendioxid: Sie nennen es Verschmutzung, wir nennen es Leben«. Exxon ließ Wissenschaftler und Politiker diffamieren, die das Gegenteil behaupteten, und gab unzählige »wissenschaftliche« Arbeiten in Auftrag, die diese Positionen absichern sollten. Sogar ganze Organisationen wurden von Exxon zur Stützung seiner Thesen geschaffen. Diese weltweite Meinungsmache war so erfolgreich, dass Öl bis heute der weltweit bedeutendste Energieträger geblieben ist und seine Verwendung seit 1977 nahezu ohne Unterbrechung sogar Jahr für Jahr weiter zugenommen hat.[4]

Wenn man den Mechanismus der kognitiven Dissonanz zugrunde legt, kann man davon ausgehen, dass die überwiegende Mehrheit der Beteiligten im guten Glauben gehandelt hat, das Richtige zu tun. Anders ist es nicht zu erklären, dass über Jahrzehnte hinweg viele Tausend Menschen an dieser Kampagne mitgewirkt haben. Die Band »Wir sind Helden« beschreibt dieses Phänomen in einem ihrer Lieder recht treffend mit den Worten: »…können glücklich sein und trotzdem Konzerne leiten«.

Natürlich wussten die entscheidenden Spindoktoren und Strippenzieher über die Jahrzehnte ganz genau, was sie taten. Bei diesen »Auftraggebern« sind andere Mechanismen am Werk. Man benötigt eine Menge kriminelle Energie, um solch einen lukrativen Raubzug gegen Natur und Menschheit zu inszenieren. Verbrechen gegen das Leben und die Lebensgrundlagen auf diesem Planeten bleiben Verbrechen, ob man sich ihrer bewusst ist oder nicht.

Folgendes wollte ich herausarbeiten: Wie mächtig die Kräfte sind, die hier am Werk sind – und generell überall dort, wo viel Geld verdient wird. Der Optimierungsauftrag großer Kapitalgesellschaften, möglichst viel Gewinn zu erzielen, gepaart mit der menschlichen Fähigkeit, sich die Dinge schön zu denken, sind zusammen sehr wirkmächtig. Es gilt also, etwas zu schaffen, was dieses *Endgegner-Duo* besiegen kann. Oder etwas zu organisieren. Denn was es braucht, um diese komplexen Mechanismen zu überwinden, gibt es schon. Es sind die Milliarden von Menschen, die dies alles nicht mehr wollen, was täglich an Naturzerstörung und Menschenvergiftung geschieht.

Sie sind aber nicht gut genug organisiert. Zumindest nicht auf eine Weise, die ihren Ansichten und Wünschen Einfluss verleihen würde.

Die Erfindung, die die Menschheit vor der drohenden Selbstauslöschung rettet, wird keine technische sein. Es ist eine soziale Erfindung. Es sind sogar unzählige soziale Erfindungen, die gemacht und angewendet werden müssen, bis alle Menschen im Einklang mit der Natur, nachhaltig und vor allem gleichberechtigt, wohlwollend und vertrauensvoll, vielleicht sogar liebevoll, miteinander auf diesem Planeten leben können.

Eine solche Erfindung stellt die Wirtschaft vom Kopf wieder auf die Füße. Sie organisiert die Interessen nicht top-down, sondern bottom-up. Ihr gelingt es, dass Politik nicht mehr gegen, sondern für die Mehrheit aller Menschen gemacht wird. Und das nicht unter kurzfristigen, sondern unter langfristigen, das dauerhafte Überleben der menschlichen Zivilisation berücksichtigenden, Gesichtspunkten. Sie nutzt die Schwarmintelligenz der Menschen, die überwiegend schon heute imstande sind, die langfristigen gemeinsamen Interessen von den kurzfristigen Interessen einiger Weniger zu unterscheiden.

Mit dieser sozialen Erfindung sind natürlich Genossenschaften gemeint. Das Gute: Diese Erfindung wurde bereits vor über 100 Jahren gemacht. Sie muss also *nur* noch angewendet werden.

Bei aller Begeisterung für das, was ein die Erde bedeckender Schwarm an Genossenschaften gemeinsam erreichen könnte, geht es deshalb hier in erster Linie um den für dich möglichen Beitrag. Nämlich um die Gründung der einen, der nächsten Genossenschaft, die mitwebt an diesem mächtigen und so dringend benötigten Netz, das gemeinsam die Menschheitsinteressen vertreten kann. Solltest du an dieser Stelle schon so motiviert sein, dass du am liebsten keine weitere Zeile mehr warten möchtest, bis du den ersten Schritt zur nächsten wichtigen Genossenschaft in dieser Welt gehst, dann kannst du jetzt auch direkt zu Kapitel 3 dieses Buches springen und den Rest einfach später lesen. Dort beschreibe ich dir Schritt für Schritt, wie du eine Genossenschaft gründest.

Kapitel 2

Was es schon gibt – Betätigungsfelder für Genossenschaften

Energiegenossenschaften

Energiegenossenschaften erlebten in Deutschland bis circa 2014 einen mehrjährigen Gründungsboom, an dessen Ende es rund 1.000 Energiegenossenschaften gab.[5, 6]

Also eine Eergiegenossenschaft auf ungefähr 80.000 Einwohner. Die überwiegende Zahl dieser Energiegenossenschaften ist in der Stromerzeugung (PV und/oder Wind) oder im Betrieb von Wärmenetzen tätig. Aber auch darüber hinaus gibt es zahlreiche Betätigungsfelder, in denen Energiegenossenschaften bereits erfolgreich sind:

- Eigener regionaler Ökostromtarif (mit Partnern wie Naturstrom oder Bürgerwerke eG)
- Mieterstrom
- Contracting (Wärme, Beleuchtung, Energieeinsparung)
- Ladestationen für E-Mobilität
- Kauf und Betrieb eines lokalen Stromnetzes (EWS Schönau)
- Gemeinsamer Einkauf von PV-Modulen und Stecker-PV-Geräten

Nach 2014 nahm die Zahl der Neugründungen stark und stetig ab. Gründe hierfür sind unter anderem im politischen Bereich zu finden. Zahlreiche Änderungen am Erneuerbare-Energien-Gesetz (EEG) haben dazu geführt, dass die zu erwartende Wirtschaftlichkeit von

Projekten zur Stromerzeugung mittels erneuerbarer Energien sich verschlechterte. Und auch die bürokratischen Hürden auf dem Weg der Projektumsetzung nahmen zu. Besonders Windenergieprojekte haben dadurch eine solche Komplexität erreicht, dass sie allein durch Bürgerenergie kaum noch zu stemmen sind. Bereits die Planungsphase ist bereits mit einem hohen finanziellen Aufwand und Risiko verbunden. Hier gilt es, neue Wege und Partnerschaften zu finden (siehe dazu auch S. 95).

Dennoch sind viele der rund 1.000 deutschen Energiegenossenschaften weiterhin aktiv. Die meisten davon beschäftigen sich derzeit mit dem Bau von Photovoltaikanlagen auf öffentlichen und privaten Dächern und auf Freiflächen.

Als Partner der Energiegenossenschaften engagieren sich zum Beispiel die Elektrizitätswerke Schönau (ebenfalls eine Genossenschaft) und die Naturstrom AG. Beide gehören zu den ältesten Ökostromanbietern in Deutschland. Naturstrom bietet zudem über seine Hamburger Tochtergesellschaft »Naturstrom vor Ort« Regionalstromtarife für Genossenschaften an. Der Bezug dieses Regionalstroms ist für viele Bürger*innen ein niederschwelliger Einstieg zum Mitmachen. Oft ist dies auch eine Vorstufe zur Mitgliedschaft bei der Genossenschaft vor Ort. Nebenbei können gerade junge Genossenschaften ihre Verwaltungskosten über die Einnahmen aus dem Stromverkauf decken. Die Firma Bürgerwerke bietet ebenfalls Stromtarife für Energiegenossenschaften an.

Auf Bundesebene gibt es das Bündnis Bürgerenergie (BBEn) als eine Art Dachverband für Bürgerenergie. Unterstützt wird es zum Beispiel von den Elektrizitätswerken Schönau, Naturstrom und auch von Greenpeace Energy. Der BBEn bündelt die Kraft und Erfahrung von Energiegenossenschaften und nimmt politisch Einfluss. Auf europäischer Ebene gibt es mit RESCOOP bereits einen Dachverband für Bürgerenergie. Das Landesnetzwerk BürgerEnergieGenossenschaften Rheinland-Pfalz e. V. hat in einem kurzen Erklärvideo (Bürger.

Macht.Energie) das gesamte Aktivitätsspektrum von Energiegenossenschaften sehr anschaulich zusammengefasst.[7]

Über die inhaltliche Arbeit von Energiegenossenschaften hinaus hat die Gemeinschaftsstiftung Bürgerenergie einen Rahmen geschaffen, der es Bürgern ermöglicht, ihr Geld auch generationenübergreifend in den Dienst der Energiewende zu stellen. Hierüber können Genossenschaftsanteile an ein Sondervermögen der GLS Treuhand übertragen werden.[8]

Solidarische Landwirtschaft

Wir alle brauchen Lebensmittel. Leider widmen wir ihnen meist sehr wenig Aufmerksamkeit. Wie werden sie hergestellt? Was ist in ihnen enthalten? Sind sie frei von Giftstoffen? Leiden Tiere dafür? Wo kommen sie her? Wer verdient daran?

Wenige Großkonzerne beherrschen den größten Teil des Lebensmittelmarktes. Das betrifft sowohl die Herstellung als auch den Verkauf. Es ist eine große Aufgabe, nur für einige Teile des täglichen Bedarfs Produkte zu finden, die ökologisch und unter Berücksichtigung des Tierwohls produziert und fair gehandelt werden. Wenn man dann noch weite Transportwege vermeiden und regionale Unternehmen unterstützen möchte, wird es noch schwerer.

Ein Weg, dem Konsumenten die Entstehung seiner Lebensmittel wieder näherzubringen, ist die solidarische Landwirtschaft. Das Prinzip hierbei ist, dass die Verbraucher nicht für das Endprodukt »Lebensmittel« bezahlen, sondern einen landwirtschaftlichen Betrieb mitfinanzieren. Dabei wird der Landwirt, auf dessen Hof die solidarische Landwirtschaft entsteht, teilweise vom unternehmerischen Risiko entlastet und auch in vielen anderen Dingen von neu gewonnenen Mitstreitern unterstützt. Die Bürger*innen kaufen dabei kein Stück vom Hof, sondern einen Teil der zukünftigen Ernte und sind somit sozusagen Unternehmer auf Zeit. Das Ganze kann so aussehen: Gemeinsam wird ein Plan für ein Jahr erstellt. Was soll angebaut werden? Auf wie viel Fläche? Wer nimmt nach der Ernte wie viel ab? Wer übernimmt welche Aufgaben? Danach werden die Kosten kalkuliert. Im Gegensatz zu den solidarischen Mitunternehmern muss der Landwirt zumindest einen Teil seines Lebensunterhaltes aus der Landwirtschaft bestreiten. Deshalb wird die Mitarbeit des Landwirtes zumindest zum Teil als Lohnkosten mit einkalkuliert. Das gibt ihm Planungssicherheit. Denn viele Landwirte betreiben ihre Höfe nur noch im Nebenerwerb und sehen sich Jahr für Jahr mit der Gefahr konfrontiert, den Betrieb ganz einstellen zu müssen. So gehen in immer mehr Regionen die landwirtschaftliche Erfahrung und die damit verbundene Vielfalt verloren. Dieses sogenannte Höfesterben nimmt leider immer größere Ausmaße an. In den letzten 50 Jahren mussten in Deutschland drei Viertel aller Höfe schließen.[9]

EU-weit geben täglich 1.000 Landwirte auf.[10] Deshalb ist solidarische Landwirtschaft so wichtig. Sie erhält die Vielfalt bei der Lebensmittelproduktion und der Landschaftsnutzung und gibt den Bürger*innen einer Region die Möglichkeit zur Mitgestaltung und zur Mitbestimmung darüber, was sie ihrem Körper zuführen wollen.

Hat eine Solidarische Landwirtschaft einen Jahresplan kalkuliert, übernehmen alle Beteiligten einen Teil der Kosten, und zwar in Höhe ihres Anteils an der Ernte. Das ist der unternehmerische Einsatz. Es kann auch vereinbart werden, einen Teil der Ernte auf Wochenmärkten der Region zu verkaufen oder in Dorf- und Bioläden. Das ist besonders dann zu empfehlen, wenn man in der nächsten Saison die Anbaufläche erweitern und über die Öffentlichkeit weitere Mitstreiter begeistern möchte. Auch wenn solidarische Landwirtschaft dem Urprinzip des genossenschaftlichen Wirtschaftens (miteinander füreinander wirtschaften) so sehr entspricht wie kaum ein anderes in diesem Buch dargestelltes Beispiel, so ist eine genossenschaftliche Organisationsform für den Start einer solidarischen Landwirtschaft oft gar nicht nötig. Besonders der erste Versuch lässt sich über einen Vertrag oder sogar schon über vertrauensvoll protokollierte Absprachen meist ausreichend genau planen.

Nachdem man einige Ernten erfolgreich gemeinsam eingefahren hat, kommen aber möglicherweise weiterführende Ideen auf, die Investitionen erfordern. Werkzeuge, Maschinen müssen angeschafft, Gewächshäuser errichtet, Scheunen renoviert werden. Um solche Investitionen zu stemmen, eignet sich hervorragend eine Genossenschaft mit ihrer relativ einfachen und sehr demokratischen Mitglieder- und Kapitalverwaltung.

Volks- und Raiffeisenbanken

Volksbanken sind heute für die meisten Menschen der Inbegriff für Genossenschaften. Vielleicht liegt es daran, dass sie meist in einem Atemzug mit Raiffeisenbanken genannt werden, die einen der Mitbegründer und Wegbereiter des Genossenschaftswesens im deutschsprachigen Raum im Namen tragen. Von diesem stammt auch das Zitat am Anfang dieses Buches.

Vielleicht liegt es aber auch daran, dass sie als wahre Banken des Volkes empfunden werden. Oder zumindest wurden. Auch wenn heute Volksbanken weiterhin ihren Mitgliedern gehören, so hat das Zusammengehörigkeitsgefühl in den letzten Jahrzehnten nachgelassen. Eine Ursache liegt sicher im Onlinebanking begründet. Immer mehr Menschen wickeln ihre Alltagsgeschäfte von zu Hause aus über das Internet ab. Die weitaus entscheidendere Ursache, deren wirtschaftliche Notwendigkeit wiederum in der ersten begründet liegt, ist aber die Fusionswelle im Bankenwesen, die auch vor den Volksbanken nicht halt gemacht hat. Wie die Kunden heute Bankgeschäfte in Anspruch nehmen und der zunehmende Konkurrenzdruck haben dazu geführt, dass sich viele benachbarte Volksbanken zu größeren

Volksbanken zusammengeschlossen haben. So konnten Ressourcen in der Verwaltung und Organisation gemeinsam genutzt und damit die Kosten des laufenden Betriebs reduziert sowie neue Angebote geschaffen werden.

Auf diese Weise wurde zum Beispiel aus der Volksbank meiner Heimatstadt Lüdenscheid erst die Volksbank im Märkischen Kreis und in einem weiteren Schritt kürzlich die Volksbank in Südwestfalen. Diese große, vom Volk bereits entfernte Volksbank macht immer noch tolle Arbeit. Wir von der Bürger-Energie Lüdenscheid stehen in engem Kontakt zu unserer Volksbank. Als Genossenschaften sind wir Verwandtschaft und versuchen, uns gegenseitig, so gut es geht, zu fördern. Wir haben unsere Konten bei der Volksbank und die Teile unserer PV-Anlagen, die wir nicht durch Mitgliederanteile finanziert haben, laufen über ein Darlehen unserer Volksbank. Andersherum liegen unsere Flyer in den Geschäftsstellen der Volksbank, schaltet die Volksbank Werbeanzeigen, in denen sie unsere Zusammenarbeit hervorhebt und manchmal stehen uns Räume für unsere Bürgerversammlungen zur Verfügung. Da ist Bürgernähe also durchaus intensiv spürbar.

Dennoch ist vieles verloren gegangen. In meiner Kindheit waren die Mitgliederversammlungen unserer Volksbank noch richtige Volksfeste. Man traf sich zum Schwarzbrotessen in der Schützenhalle, und nach dem offiziellen Teil wurde bei Kaltgetränken noch reichlich geklönt und philosophiert. Nach der Begrüßung gab es immer einen informativen oder unterhaltsamen (meist beides) Festvortrag bzw. -beitrag. Kabarettisten waren dort, Artisten, einmal sogar der Moderator des heute-Journals und einmal Guido Cantz. Man gab sich Mühe, den Mitgliedern etwas zu bieten und das Gefühl zu vermitteln, dass diese kleine Provinz-Volksbank und ihre Mitglieder etwas sehr Erfolgreiches sind und durch gemeinsames Wirtschaften eine Menge auf die Beine stellen. Das traf und trifft ja auch zu. Am Ende der Veranstaltung freuten sich alle aufs nächste Jahr und zudem über eine Ausschüttung auf das investierte Kapital in Höhe von heute fast unmoralisch erscheinenden fünf oder sogar sechs Prozent.

Heute gibt es diese jährlichen Mitglieder-»Volksfeste« nicht mehr. Wo sollen sich über 70.000 Mitglieder aus ganz Südwestfalen auch angemessen treffen? Das mag man bedauern. Aber man kann stattdessen auch auf das Erreichte und Bewahrte schauen und die Volksbank in Südwestfalen dafür feiern. Die fusionierte Volksbank gehört immer noch ihren Mitgliedern und sie macht, was sie immer gemacht hat: Sie ermöglicht den Menschen und Unternehmen der Region verlässliche Bankgeschäfte. Erzielte Überschüsse bleiben auch weiterhin in der Region und stärken den regionalen Wohlstand und Wirtschaftskreislauf. Sie sind nicht mehr so üppig wie in der guten alten »Volksfestzeit«. Aber vor dem Hintergrund einer sich rapide wandelnden Bankenlandschaft und allgemein unsicheren wirtschaftlichen Zeiten, sind die drei Prozent Rendite, die die Volksbank Südwestfalen für das Jahr 2019 auf die Anteile ihrer Mitglieder ausgeschüttet hat, sehr beachtlich.

Zudem sind die Anteile (zumindest nominell – also ohne Berücksichtigung von Kaufkraftverlust durch Inflation) auch noch den gleichen Geldbetrag wert wie zu dem Zeitpunkt, zu dem sie von den jeweiligen Mitgliedern gekauft wurden. Das mag selbstverständlich erscheinen. Aber unternehmt mal einen kleinen Ausflug ins Internet. Mit ein paar Klicks seht ihr, wie viel ihr verloren hättet, wenn ihr vor 10, 20 oder 30 Jahren zum Beispiel Aktien der Deutschen Bank oder der Commerzbank gekauft hättet. Auch beim Kapitalerhalt hat sich hier das Prinzip der genossenschaftlichen Organisation bewährt. Im Gegensatz zu privatwirtschaftlich organisierten Großkonzernen, in denen mancher Manager sich durch spekulative und risikoreiche Abenteuer zu profilieren sucht, macht eine Volksbank, was sie soll: bodenständige, nachvollziehbare Geschäfte für ihre Mitglieder und deren Mitbürger. Und die Kontrolle durch die Mitglieder und durch den genossenschaftlichen Prüfungsverband funktioniert offenbar deutlich besser als durch anonyme Aktionärsversammlungen und privatwirtschaftliche Wirtschaftsprüfungsunternehmen.

»Gründet Genossenschaften« habe ich geschrieben, damit weitere Genossenschaften gegründet werden. Im Finanzwesen sehe ich dafür allerdings gerade keinen großen zusätzlichen Bedarf. So wie der genossenschaftliche Wirtschaftszweig könnten auch Teile anderer wichtiger Wirtschaftszweige wie Ernährung und Energie organisiert sein. Dann würde auch dort die Wertschöpfung vor Ort bleiben und nicht an wenige Vermögende an meist weit entfernten Orten fließen.

Dieser Ausflug will ein Anschauungsbeispiel dafür sein, wie erfolgreich genossenschaftlich organisiertes Wirtschaften sein kann, und idealerweise eure Motivation noch mehr steigern, weitere Anregungen für die Gründung einer Genossenschaft zu finden.

Und es will eine Empfehlung sein, die Bankgeschäfte eurer Genossenschaft bei einer Genossenschaftsbank zu führen. Und vielleicht auch eure privaten Bankgeschäfte.

Oder auch bei einer Sparkasse – um keine allzu einseitige Empfehlung auszusprechen. Auch dort bleibt euer Geld in der Region. Und Gewinne kommen ebenfalls den Menschen in der Region zugute.

Wer trotzdem findet, dass auch im Finanzbereich wieder kleinere dezentralere Genossenschaften aktiv sein sollten, der kann sich über FinTechs informieren, aber auch dort zwecks Kooperation den Kontakt zur Volksbank suchen. Eine eigene Banklizenz dürfte für den Anfang zu viel des Aufwands sein.

Wohnungsgenossenschaften

Ein weiterer Wirtschaftszweig, in dem Genossenschaften bereits seit Jahrzehnten sehr erfolgreich sind, ist die Wohnungswirtschaft. Dort sind sogenannte Wohnungsgenossenschaften, Baugenossenschaften, Siedlungsgenossenschaften oder Bauvereine aktiv. Wie sie sich im Einzelfall auch nennen, alle haben sie sich zum Ziel gesetzt, ihre Mitglieder mit preisgünstigem Wohnraum zu versorgen. In Deutschland wird dieses Vorhaben staatlich unterstützt: Wohnungsgenossenschaften (die rechtlich »gemeinnützige Vermietungsgenossenschaften« heißen) sind zum Beispiel von der Körperschaftssteuer befreit. Derzeit werden in Deutschland über zwei Millionen Wohnungen genossenschaftlich verwaltet. Diese verteilen sich auf rund 2.000 Genossenschaften mit insgesamt knapp drei Millionen Mitgliedern und fünf Millionen Bewohnern.[11]

Wie das Kapitel über Genossenschaftsbanken, ist auch dieses Kapitel mehr als Beleg für den Erfolg und die Möglichkeiten von Genossenschaften gedacht denn als Aufruf zur Gründung einer Wohnungsgenossenschaft, obwohl es auch hier noch nicht abgedeckte Bereiche gibt. Denn die Wohnungswirtschaft ist momentan nicht die Speerspitze der Innovation. Neue gesellschaftliche und ökologische Trends werden noch nicht in dem Maße bedient, wie es nötig wäre. Stichworte sind das Mehrgenerationen-Wohnen, generell barrierefreies Wohnen und nicht zuletzt das Wohnen in Gebäuden, die wenig Energie verbrauchen und diese aus erneuerbaren Energien erzeugen (Niedrigenergiehäuser, Passivhäuser, Plus-Energie-Häuser). Auch mit Biomasse oder Solarwärme gespeiste Wärmenetze sollten künftig in der Wohnungsgenossenschaft verstärkt Einzug halten.

Hier haben wir Schnittmengen zu einer bereits vorgestellten Genossenschaftsform – den Energiegenossenschaften. Solltet ihr euch ohnehin bereits für die Gründung einer Energiegenossenschaft erwärmt haben, findet aber auch die gerade angesprochenen Themen interessant, so könnt ihr unter Umständen beides miteinander verbinden. Recherchiert einmal, wo es in eurer Stadt oder Region die nächsten Wohnungsgenossenschaften gibt und nehmt Kontakt auf. Manche haben vielleicht gerade andere Themen oder fürchten gar Konkurrenz. Lasst euch also nicht zu schnell entmutigen, wenn ihr nicht beim ersten Kontakt auf Begeisterung stoßt. Ein gemeinsames Projekt, in dem beispielsweise die Wohnungsgenossenschaft eine Siedlung besitzt oder neu baut und die Energiegenossenschaft das Wärmenetz und das Erneuerbare-Wärmekraftwerk für diese Siedlung finanziert, ist sicher noch nichts für das erste Jahr des Bestehens eurer Genossenschaft. Solche Projekte erfordern eine lange Planungszeit. Deshalb ist es nie zu früh, sich mit den Akteuren der Region zu vernetzen und eure Pläne auf Kooperationsmöglichkeiten abzustimmen.

Möglicherweise könnt ihr aber schon sofort mit einer benachbarten Wohnungsgenossenschaft ins Geschäft mit Photovoltaikanlagen kommen. Wohnungsgenossenschaften dürfen nach derzeitig ziemlich eng ausgelegter Rechtslage auf ihren Gebäuden keine Photovoltaikanlagen bauen, ohne ihre Befreiung von der Körperschaftssteuer zu gefährden. Mit Photovoltaikanlagen, so die Argumentation, steigen sie ins Geschäft der Stromerzeugung und Vermarktung ein. Ihre Befreiung gilt nur, wenn sie sich ausschließlich auf die Vermietung von Wohnraum an ihre Mitglieder konzentrieren. Da Wohnungsgenossenschaften aber durchaus offen für dieses Thema sind, gibt es bereits zahlreiche Beispiele, in denen eine Wohnungsgenossenschaft einer Energiegenossenschaft Dächer zur Verfügung stellt, damit diese darauf PV-Anlagen baut. Manche Mieter werden sogar Mitglied in beiden Genossenschaften und sind durch dieses Konstrukt dann mittelbar Miteigentümer der PV-Anlage auf ihrem Mietshaus.

Ein Musterbeispiel solch themenübergreifender Zusammenarbeit im Genossenschaftswesen ist die BEG-58 aus Wetter an der Ruhr. Ein Großteil ihrer über 100 PV-Anlagen hat sie auf Dächern mehrerer Wohnungsgenossenschaften in der Region errichtet.[12]

Carsharing

Auch beim Carsharing gibt es bereits erste Angebote für Bürgergenossenschaften. Die UrStrom BürgerEnergieGenossenschaft Mainz eG zum Beispiel nutzt für ihr Carsharing-Angebot eine App der Initiative eCB (e-Carsharing in Bürgerhand), mit der sich die Fahrzeuge buchen und dann auch mit dem Handy öffnen lassen. Damit bieten sie den gleichen Komfort wie die großen Anbieter car2go oder Drive now. Letztere haben es allerdings noch nicht geschafft, ihr Geschäftsmodell abseits der großen Städte umzusetzen. Hier bleibt eine große Gestaltungsnische für die dezentralen Genossenschaften.

Weiterhin sind die Mainzer gemeinsam mit der Energiegewinner eG aus Köln und weiteren europäischen Genossenschaften am Aufbau der europäischen E-Carsharing-Plattform »The Mobility Factory« beteiligt.

Sollte Carsharing euch begeistern, so könnte sich eure Genossenschaft also diesen Netzwerken anschließen. Links zu weiteren Beispielen für Carsharing und Carsharing-Netzwerke findet ihr in Anhang 2.

Sozialgenossenschaften

Eine Sonderform im Genossenschaftswesen stellen die sogenannten Sozialgenossenschaften dar. Die Grenzen zu den »normalen« Genossenschaften sind allerdings fließend, da auch bei diesen der Sozialgedanke fast immer mit im Fokus liegt. Ein Unterscheidungskriterium liegt darin, dass Sozialgenossenschaften nicht für den Markt produzieren, sondern ihre Waren und Dienstleistungen als Selbsthilfe oder zugunsten Dritter oder allgemein zugunsten des Gemeinwesens herstellen. Eine Energiegenossenschaft zum Beispiel, die Solarstrom erzeugt und diesen ins öffentliche Netz einspeist, ist somit keine Sozialgenossenschaft. Eine Volksbank ebenso wenig. Der Blog nonprofits-vernetzt.de zählt als typische Vertreter für Sozialgenossenschaften u. a. auf:

- Dorfläden
- Bürgerbusse
- Kino- und Gaststättengenossenschaften
- Schwimmbäder
- Senioren- und Nachbarschaftshilfe
- Stadtteilgenossenschaften
- Flüchtlingsunterbringung
- Streuobstwiesenerhalt und -pflege[13]

Südeuropa ist führend bei den Sozialgenossenschaften. Viele Hunderttausend Menschen haben sich dort bereits zu Tausenden Sozialgenossenschaften zusammengeschlossen.

In Deutschland hat sich das Bundesland Bayern die Förderung von Sozialgenossenschaften auf die Fahnen geschrieben. Das bayerische Staatsministerium für Arbeit und Soziales betreibt eine eigene Webseite zum Thema Sozialgenossenschaften. Neben Tipps und Beispielen gibt es dort einen Gründungsratgeber zum Download. Zudem hat Bayern für Sozialgenossenschaften einen Fördertopf aufgelegt.[14]

Den Sozialgenossenschaften vom Wesen her sehr ähnlich sind die Kulturgenossenschaften. Mitunter werden Kulturgenossenschaften zu den Sozialgenossenschaften gezählt. Zu den Kulturgenossenschaften sind hier also keine gesonderten Ausführungen notwendig. Um die Bedeutung dieser Kategorie dennoch zu würdigen, sollen aber auch die Kulturgenossenschaften hier erwähnt werden. Und ein paar Beispiele, die ihr in der Linksammlung in Anhang 2 findet.

Brauereigenossenschaften

Kennt ihr jemanden, der sich schon mal als Hobbybrauer versucht hat? Oder habt ihr sogar selbst schon gebraut? Nicht selten kommen beim Ausprobieren unterschiedlicher Rezepte oder Eigenkreationen durchaus schmackhafte Ergebnisse dabei heraus, die teilweise weit ansprechender sind als die klassischen Industriebiere. Das liegt zum einen daran, dass man als Privatbrauer meist nicht so an den Zutaten spart (zum Beispiel am relativ teuren Hopfen) wie die auf Kostenoptimierung getrimmten Großbetriebe. Zum anderen liegt es daran, dass viele Brauereien auch auf der Absatzseite Optimierung betrieben und ihre vormals individuellen Rezepte über die Jahrzehnte immer mehr dem durchschnittlichen Mainstream-Geschmack angepasst haben, um nicht nur lediglich die Nischen von Kennern und Liebhabern bestimmter Geschmacksnuancen zu bedienen, sondern ihr Bier auch der breiten Masse verkaufen zu können.

Hier steuert eine Brauereigenossenschaft also zusätzlich zu den Benefits einer lebensmittelverarbeitenden Genossenschaft (Wertschöpfung für die Region, Kontrolle über den Einsatz von nachhaltig und ökologisch hergestellten Zutaten) auch noch einen kulturellen Beitrag bei. Eventuell gibt es für diesen Mehrwert ja sogar eine Förderung aus dem bayerischen Fördertopf für Sozialgenossenschaften (zu denen wie dargelegt im weiteren Sinne ja auch die Kulturgenossenschaften gehören). In Anhang 2 findet ihr auch einige Beispiele für Brauereigenossenschaften. Vielleicht könnt ihr einem Hobbybrauer aus eurer Region mit der Idee einer Genossenschaftsgründung ja den entscheidenden Anstoß geben.

Industrielle Produktionsgenossenschaften

Die Corona-Pandemie hat uns gezeigt, wie anfällig die globalen Lieferketten geworden sind. Um Kosten in der Produktion zu sparen, lassen westliche Unternehmen nach Jahrzehnten der »Optimierung« fast jede Komponente, aus der sie ihr Endprodukt zusammenfügen, am dafür günstigsten Ort dieser Erde herstellen. Solange man irgendwo Lohndumping, Sozialdumping, Umweltdumping betreiben kann, wird das auch gemacht. Man beruhigt sich mit der Allzweck-Begründung, dass schließlich auch in den armen Ländern Arbeitsplätze gebraucht werden, und schon ist der moralische Kompass wieder eingenordet. Das ist nicht nur unethisch, es ist auch sehr risikoreich, wie wir jüngst erlebt haben. Die Hersteller mit den komplexesten Lieferketten, die Automobilproduzenten, mussten während der Corona-Pandemie zuerst ihre Fabriken stilllegen, weil nicht alle benötigten Teile für ein komplettes Auto zur Verfügung standen. Aber auch bei relativ einfachen (wenn auch fragwürdigen) Verkettungen hat sich die Anfälligkeit des System schon recht früh gezeigt: Die Krabbenfischer der Nordsee mussten mit ihren Kuttern oft im Hafen bleiben, weil durch die Corona-Krise das Pulen der Krabben, das seit Jahrzehnten fast ausschließlich in Marokko stattfindet, zeitweise nicht oder nur eingeschränkt möglich war.

Sicher: Manche Komponenten und Produkte können in bestimmten, spezialisierten Regionen der Welt in höherer Qualität – und durch hohe Stückzahlen letztlich auch kostengünstiger – hergestellt werden. Das ist ein Vorteil der weltweiten Arbeitsteilung, der nicht grundsätzlich in Frage steht. Aber viele Auswüchse gehören schon lange auf den Prüfstand. Nicht zuletzt deshalb, damit in allen Regionen der Welt eines hoffentlich nicht zu fernen Tages hochwertige Produkte auch für ihre dann nicht mehr armen Bewohner hergestellt werden, und nicht lediglich einfache Vorprodukte für den Export in reiche Regionen. Dies könnte helfen, einen Beitrag zu diesem Ziel zu leisten:

1. Die Corona-Krise als Auslöser, um darüber nachzudenken, die globalen Lieferketten gemäß dem Subsidiaritätsprinzip, soweit es geht, wieder zu regionalisieren
2. Die Genossenschaft als Organisationsform von lokaler und regionaler Produktion unter Bürgerbeteiligung
3. Der 3D-Druck in Verbindung mit digitalen physischen Produkten (DPP)

Zu Punkt 3: Natürlich ist die Produktion mit 3D-Druck genauso wenig trivial, wie die Produktion mit herkömmlichen Maschinen. In Produktionsunternehmen arbeiten hoch qualifizierte Werkzeugmacher, Maschinenprogrammierer, Meister, Techniker, Ingenieure – die unterschiedlichsten Spezialisten und Generalisten. Im Gegenteil, diese Drucker sind ja gerade dazu da, hochkomplexe Teile herzustellen, die bisher aus Einzelkomponenten mithilfe einer hochkomplexen Lieferkette zusammengefügt wurden. Es ist also bei Weitem nicht damit getan, dass sich Bürger*innen zusammentun und für viele 100.000 Euro einen industriellen 3D-Drucker anschaffen.

Aber in einem ersten Schritt könnten sich einige kleine und mittelständische Produktionsunternehmen einer Stadt oder Region zusammentun und eine 3D-Produktionsgenossenschaft gründen. Jedes dieser Unternehmen für sich hat allein vielleicht nicht die finanziellen Mittel, um einen Industrie-3D-Drucker anzuschaffen. Und wenn doch, dann haben die Kunden möglicherweise nicht den Bedarf, um einen Industrie-3D-Drucker so auszulasten, dass sich die teure Anschaffung rechtfertigen ließe. Aber gemeinsam kann es sich für alle lohnen und überfordert keines dieser Unternehmen.

Die Genossenschaft bräuchte noch nicht einmal eigenes Personal oder eigene Räume. Die vorhandenen Spezialisten der beteiligten Unternehmen werden nach Schulung in der Lage sein, den 3D-Drucker zu bedienen, und könnten je nach Auslastung in ihren Stammunternehmen abwechselnd am Drucker eingesetzt werden. Die Unternehmen müssten lediglich festlegen, zu welchen Konditionen die Produktionsgenossenschaft die Fachleute aus den beteiligten Unternehmen ausleihen kann. Der Standort des 3D-Druckers wäre in einem der beteiligten Unternehmen mit den meisten Platzreserven, das dann Miete von der Produktionsgenossenschaft bekommen würde.

Wenn das Ganze eine Weile gut funktioniert, wird die Produktionsgenossenschaft einen weiteren 3D-Drucker anschaffen usw. Und um ein wenig zu träumen: Da Genossenschaften im Gegensatz zu fast allen anderen Unternehmensformen ganz unkompliziert neue Mitglieder aufnehmen können, kommt bei einer dieser Neuanschaffungen dann vielleicht auch der Punkt, an dem die beteiligten Unternehmen ihren engagierten erfolgreichen Mitarbeitern die Möglichkeit geben, sich an der Produktionsgenossenschaft zu beteiligen und damit quasi selbst zu Unternehmern zu werden.

Die Möglichkeit, ihre Mitarbeiter zu Teilhabern ihres Unternehmens zu machen, besteht natürlich jetzt schon. Die wenigsten Produktionsunternehmen sind aber Genossenschaften. Viele sind in einer anderen Rechtsform organisiert, in der die Aufnahme weiterer Gesellschafter deutlich teurer und aufwendiger ist. Und so werden entsprechende Ideen oder Forderungen, so sie denn auftauchen, meist schnell wieder verworfen.

Aber eine Mitarbeiterbeteiligung könnte auch für die Kernunternehmen Schule machen. Wenn, wie skizziert, Produktionsgenossenschaften entstehen und vielleicht sogar die ersten Mitarbeiter zu deren Mitinhabern geworden sind, dann wird man vielleicht ganz neue Erkenntnisse gewinnen. Da die Mitarbeiter nun in ihrem eigenen Unternehmen arbeiten, sind sie engagierter, denken unternehmerischer und bringen andere Ideen ein als zuvor. Dadurch wird die Produktionsgenossenschaft immer produktiver und erfolgreicher. Vielleicht wird dieser spürbare Erfolg dann auch weitere Unternehmer auf den Gedanken bringen, ihre Mitarbeiter ebenfalls an ihrem Unternehmen zu beteiligen – nachdem sie es in eine Genossenschaft umgewandelt haben.

Andere Unternehmer, die die Zügel vorerst nicht aus der Hand geben wollen, sehen in einer Produktionsgenossenschaft möglicherweise eine Alternative zur Fortführung ihres Lebenswerkes. Bisher waren vielleicht die bucklige Verwandtschaft oder der eher desinteressierte Sohn als Erbe vorgesehen. Nicht schön, aber immerhin geht der Betrieb weiter, auch wenn die neuen Besitzer gar nicht mehr mitarbeiten, sondern lediglich die Gewinne kassieren, sich als Frühstücksdirektoren ab und zu mal blicken lassen und ansonsten nur repräsentative »Aufgaben« wahrnehmen. Einem Unternehmer an der Schwelle zum Ruhestand, dessen Belegschaft in der Produktionsgenossenschaft noch einmal mehr bewiesen hat, was in ihr steckt, könnte nun der Gedanke reizvoll erscheinen, sein Unternehmen in eine Produktionsgenossenschaft umzuwandeln und seine Anteile an seine Mitarbeiter zu verkaufen.

Mit einem Teil des Verkaufserlöses könnte er eine gemeinnützige Stiftung gründen. So weiß er sein Unternehmen und sein Vermögen in guten Händen und kann seinen Ruhestand in dem warmen Gefühl genießen, gleich doppelt Gutes getan zu haben.

Abgesehen von solchen wünschenswerten gesellschaftlichen Entwicklungen gelingt es findigen Tüftlern aber vielleicht auch auf andere Weise, mit 3D-Druckern und digitalen physischen Produkten (DPP) eine Produktionsgenossenschaft auf die Beine zu stellen. Es muss ja nicht immer und gleich zu Anfang ein High-End-Drucker für 100.000 Euro sein. In vielen Fällen reichten bestimmt ein einfaches Modell und gute Ideen.[15]

Investitionsgenossenschaften

Bisher ungewöhnlich, aber durchaus wünschenswert und aussichtsreich ist es, Genossenschaften zum Zweck des Investierens in lokale und regionale Werte zu gründen. Idealerweise lassen sich damit nicht nur die erzielbaren Renditen vor einem Abfluss an externe Investoren schützen, sondern auch ökologische und soziale Ziele verfolgen.

Zum Beispiel könnte eine solche Genossenschaft vorsorglich Land erwerben (vielleicht in Verbindung mit Wohnungsgenossenschaften), bevor Bodenspekulanten dies tun und künftigen Wohnraum unnötig teuer machen.

Aber auch die Investition in landwirtschaftliche Flächen ist denkbar – zum Beispiel im Zusammenhang mit einer solidarischen Landwirtschaft.

Ein Beispiel für erfolgreiche landwirtschaftliche Flächensicherung (Ackerland in Bürgerhand) in Verbindung mit ökologischer Bewirtschaftung ist die Genossenschaft Bioboden.[16]

Wassergenossenschaften

Wasser ist Leben. Mehr noch als von Nahrung und Energie sind wir Menschen von Wasser abhängig. In Deutschland funktioniert die Wasserversorgung und -entsorgung zum Glück nahezu tadellos. Aber selbst in unseren traditionell gefühlt eher von zu viel Regentagen geprägten gemäßigten Breiten könnte Wasser bereits in den nächsten Jahren ein knappes Gut werden. Erste Anzeichen dafür sind mehr als deutlich. Immer länger werden die Zeiträume, in denen es kaum oder gar nicht regnet. Die Böden in Feld und Wald werden immer trockener. Der Dürresommer 2018 war der bisherige traurige Höhepunkt. Es steht aber zu erwarten, dass solche Dürren auch in Mitteleuropa in Zukunft eher die Regel als die Ausnahme sein werden.

Deshalb kann es von Vorteil sein, wenn die Bürger*innen wieder mehr Verantwortung für ihr wichtigstes Lebensmittel übernehmen.

Der Handlungsdruck ist in Deutschland sicher nicht so hoch wie in den trockeneren Ländern dieser Erde, nicht zuletzt weil viele kommunale Wasserwerke bei uns einen hervorragenden Job machen. Als Ergänzung sind aber durchaus Insellösungen für einzelne Dörfer oder Quartiere denkbar. Speziell das Wissen darum, dass man auf dem eigenen Grundstück das knappe Gut Wasser auffangen, in einer Zisterne speichern und für Waschmaschine, Toilettenspülung und Dusche nutzen kann, ist noch viel zu wenig verbreitet. Gibt man dem aus der eigenen Zisterne entnommenen Wasser Aufbereitungsmittel hinzu, die man in Apotheken oder im Versandhandel bekommen kann, so hat man sogar eine potenzielle Notreserve an Trinkwasser für extreme unerwartete Dürren und für den Fall, dass die öffentliche Versorgung aus irgendeinem Grund zusammenbricht. Hier könnte eine Wassergenossenschaft Aufklärungsarbeit leisten, per Sammelbestellung günstige Preise für den Einkauf der Hardware erzielen und bei Einbau und Wartung gegenseitige Hilfe leisten.

In Ellerhoop, einem kleinen Dorf in Schleswig-Holstein, hat eine eigens dafür gegründete Wassergenossenschaft sogar ihrer Gemeinde das Wasserwerk abgekauft und versorgt Ellerhoop seitdem in Eigenregie mit Wasser.[17]

Funktionierende dezentrale Wasserbewirtschaftung in Bürgerhand kann auch eine Blaupause sein für trockenere Regionen, in denen Wasserknappheit bereits eine viel größere Gefahr für das Leben der Menschen darstellt als bei uns.

Schülergenossenschaften

Ihr geht noch zur Schule? Ihr wollt eine Genossenschaft gründen, wisst aber nicht, ob ihr diese wegen eines möglicherweise anstehenden Ortswechsels (Ausbildung, Studium, FSJ, FÖJ, BFD, IJFD, etc.) in den nächsten Jahren durchgängig begleiten und weiterentwickeln könnt?

Dann könnt ihr trotzdem eine Genossenschaft anstoßen – eine (eingetragene) Schülergenossenschaft (eSG). Schülergenossenschaften können prinzipiell in allen denkbaren Wirtschaftsbereichen aktiv werden – wie andere Genossenschaften auch.

Die Idee der Schülergenossenschaften (www.schuelergeno.de) ist ein Projekt von einigen der größten genossenschaftlichen Prüfungsverbände in Deutschland. Schülergenossenschaften tragen Wesenszüge von Schülerfirmen und natürlich von genossenschaftlich organisierten Unternehmen. Sie zeichnen sich durch folgende Besonderheiten aus:

- Die Strukturen einer Schülergenossenschaft werden dauerhaft oder zumindest auf viele Jahre und damit über mehrere Schülergenerationen hinaus angelegt.
- Jede Schülergenossenschaft hat drei starke Partner: ihre Schule, einen Genossenschaftsverband und eine »echte« Genossenschaft aus der Region, die bereit ist, die Patenschaft für die Schülergenossenschaft zu übernehmen.
- Schülergenossenschaften sind keine Unternehmen im Sinne des Handelsgesetzbuches. Sie sind immer ein Projekt ihrer Schule.
- Schülergenossenschaften erfordern dadurch viel weniger Verwaltungsaufwand als »echte« Genossenschaften.
- Das »eingetragen« in eSG bezieht sich auf die Eintragung im Schülergenossenschaftsregister beim zuständigen Prüfungsverband – und nicht wie bei einer eG auf die Eintragung im Genossenschaftsregister eures Amtsgerichts.

Ansonsten ist vieles so wie bei einer klassischen Genossenschaft. Zum Beispiel das demokratische Prinzip, dass jedes Mitglied genau eine Stimme hat, egal, wie viele Anteile es besitzt. Die Höhe der Anteile ist bei vielen Schülergenossenschaften deutlich niedriger als bei anderen Genossenschaften. Bei manchen hat ein Anteil einen Wert von zehn Euro. So kann wirklich jeder mitmachen.

Wenn ihr also noch nicht wisst, wie und wo es nach eurem Schulabschluss mit euch weitergeht, so ist die Gründung einer Schülergenossenschaft zum Thema eures Herzens vielleicht ein guter Kompromiss zwischen dem Nichtstun und der aufwendigeren Gründung einer »richtigen«, im Genossenschaftsregister eingetragenen Genossenschaft. Die Schülergenerationen, die nach euch kommen, lassen sich idealerweise von eurem Tun begeistern und können die von euch geschaffenen Strukturen nutzen, um den von euch eingeschlagenen Weg weiterzugehen. Und sie ist auf jeden Fall ein guter Übungslauf für Gründung und Betrieb einer klassischen Genossenschaft. Das ist dann vielleicht ein Projekt für später, wenn ihr wisst, wo ihr die nächsten Jahre eures Lebens verbringen wollt.

Interesse geweckt? Dann schaut euch einmal auf http://www.schuelergeno.de/ um. Dort findet ihr auch die für euer jeweiliges Bundesland zuständigen Ansprechpartner, die euch Informationsmaterial zuschicken und eure Fragen beantworten, sowie Beispiele von rund 150 bereits existierenden Schülergenossenschaften. Beim Blättern bekommt ihr vielleicht noch die eine oder andere Anregung, welches Thema für eure Schülergenossenschaft in Frage kommt. Manche der dort aufgelisteten Schülergenossenschaften haben in ihren Steckbriefen Kontaktdaten angegeben. Auf Anfrage bekommt ihr bestimmt Auskunft über die besonderen Erfahrungen, die dort mit der Gründung und dem Betrieb gemacht wurden. Hat eine für euer Vorhaben interessant klingende Schülergenossenschaft keine Kontaktdaten angegeben, so kommt ihr über die jeweilige Schule an die oder den Ansprechpartner.

Weitere Beispiele und Inspirationen

Manche Genossenschaftsverbände bieten auf ihren Websites regelmäßig wechselnde Beispiele für Genossenschaftsgründungen. Unter der Rubrik »Genossenschaft des Monats« zum Beispiel oder in einem Newsletter wird jeweils eine in letzter Zeit besonders erfolgreiche oder ideenreiche Genossenschaft gewürdigt und deren Konzept einem breiteren Publikum zugänglich gemacht. Auch hier könnt ihr euch Inspiration für die Gründung und den Betrieb eurer Genossenschaft holen.

In Anhang 2 (siehe S. 105) findet ihr einige Links, über die ihr wechselnde Genossenschaften des Monats und generell Beispiele für Neugründungen finden könnt.

Kapitel 3

Wie gründe ich eine Genossenschaft? Eine Anleitung in acht Schritten

1. Das Geschäftsfeld: Was willst du machen?

Eine Genossenschaft gründet man nicht als Selbstzweck. Mit der Gründung einer Genossenschaft schafft man lediglich den Rahmen für die gemeinsame wirtschaftliche Aktivität von Menschen in einem klar festgelegten Geschäftsfeld. Man kann keine Genossenschaft gründen und dann sagen: »Wir machen jetzt mal Wirtschaft.« Dafür würde man auch gar keine Genehmigung bekommen.

Man muss sich also vorher genau überlegen, welche Aktivitäten die Genossenschaft unternehmen soll. Klug ist es besonders am Anfang, sich auf sehr wenige Aktivitäten zu beschränken, um darin durch zahlreiche Wiederholungen und damit verbundene Lernprozesse richtig gut zu werden. Auch wenn ihr bereits nach 15 Minuten Nachrichtengucken einen ganzen Strauß an Geschäftsfeldern seht, in denen Bürgergenossenschaften aktiv werden und den Lauf der Dinge zum Wohle der Menschen besser machen könnten, so verzettelt euch hier bloß nicht. Nehmt euch vorerst nur ein einziges Thema vor. Idealerweise eines, für das ihr euch schon immer interessiert habt und bei dem ihr über Vorinformationen verfügt. Wenn ihr alles nur ein bisschen macht, werdet ihr im schlimmsten Fall ein Beispiel dafür, dass Genossenschaften nicht funktionieren, nur Liebhaberei sind und dass man das harte Business doch besser den Profis überlassen sollte. Solche Anfeindungen werden ohnehin kommen (besonders vonseiten derer, denen ihr Marktanteile abnehmt), also habt ihr sie hier zur Gewöhnung schon mal gehört. Lasst sie an euch abprallen und widerlegt sie!

Dafür müsst ihr, wie gesagt, gut sein. Also anfangs nur ein einziges Thema, darin Stückzahlen/Wiederholungen schaffen und meisterhaft werden. Wenn ihr gut seid und Erfolg habt, dann wird über euch gesprochen. Dann könnt ihr Vorbild sein für andere Genossenschaften und Gründungswillige in anderen Städten und Dörfern. Erfolg ist zudem sehr attraktiv. Wenn ihr erfolgreich seid, zieht ihr fast automatisch weitere Mitstreiter an. Und je mehr Menschen ihr begeistert, umso mehr Themen könnt ihr dann mit deren Unterstützung nach und nach anpacken.

Grämt euch nicht zu sehr, dass ihr nicht gleichzeitig auf allen wirtschaftlichen Handlungsfeldern aktiv sein könnt, die dringend von gemeinwohlorientierten Menschen beackert werden müssten. Eure Gegenspieler sind das auch nicht. Ölkonzerne stellen für gewöhnlich keine Lebensmittel her, und kaum ein Chemieriese vermietet nebenbei Wohnungen. Die konzentrieren sich auf ihr Thema.

Wenn ihr es gar nicht aushaltet, ein weiteres Thema unbearbeitet zu lassen, das euch neben eurem zuerst gewählten auch sehr wichtig ist, dann könnt ihr später darauf zurückkommen. Vielleicht gründet ihr mit anderen Mitstreitern dann eine zweite Genossenschaft oder in eurer Genossenschaft findet sich ein Team, das dieses Thema aufbaut. Aber nochmal: Wichtig ist, dass ihr in eurem zuerst gewählten Thema richtig gut werdet, bevor ihr Zeit und weitere Ressourcen einem weiteren Thema zuteilt.

Falls ihr noch keine Idee habt, was ihr machen wollt, dann blättert zurück zum zweiten Teil dieses Buches. Dort findet ihr zahlreiche Beispiele für bereits erfolgreiche Genossenschaften.

Eine Genossenschaft kann natürlich multi-thematisch sein. Wenn es in einem Dorf Keimzellen für eine Energiegesellschaft, eine solidarische Landwirtschaft und einen Dorfladen gibt, dann braucht man nicht für jedes Thema eine eigene Genossenschaft zu gründen. Es gibt dann zwar größeren Koordinierungs- und Abstimmungsbedarf, aber viel schwerer wiegt der eingesparte Verwaltungsaufwand und die eingesparten mehrfachen Kosten für Gründung, Notar, Steuererklärungen, Pflichtmitgliedschaften etc.

Gibt es nur eine einzige Keimzelle, also einen überschaubaren Kreis an Menschen, die gemeinsam gestalterisch aktiv werden wollen, in der aber Begeisterung für mehrere Themengebiete herrscht, dann einigt euch zuerst auf eines dieser Themen und regelt, wann und nach welchen Erfolgsmeilensteinen ihr stark genug seid, um die anderen Themen zu bearbeiten.

2. Der Plan: Wie willst du es machen?

Am Anfang jedes Geschäfts steht die Geschäftsidee. Was für Geschäfte will deine Genossenschaft machen? Womit wird sie ihre Einnahmen erzielen?

Die Antwort darauf ist, salopp gesagt, deine Story. Diese stellst du zuerst einmal in Worten dar. Und zwar ausführlich und idealerweise auf eine Art, die begeistert. Denn die Menschen müssen an das glauben, müssen es lieben, was die Genossenschaft vorhat. Nur dann werden sie investieren und vielleicht sogar mitarbeiten.

Ein Geschäft bedeutet zudem, einen Gewinn erzielen zu wollen. Ganz ohne Gewinn ist eine Unternehmung auf Dauer nicht lebensfähig. Gewinn ist vereinfacht das, was übrig bleibt, wenn man von den Einnahmen die Ausgaben abgezogen hat. Also machst du eine Aufstellung, welche Ausgaben deiner Meinung nach auf die Genossenschaft zukommen.

Auch die Ausgaben solltest du ausführlich beschreiben. Und zwar nach Art und Höhe, sodass leicht nachzuvollziehen ist, warum und in welcher Regelmäßigkeit sie anfallen.

Jemand, der deinen Geschäftsplan zum ersten Mal liest, muss schnell erkennen können, worum es geht und warum es ein guter

Plan ist. Sonst wird er den Plan früh zur Seite legen. Ich erwähne das deshalb, weil du dich nach Fertigstellung des Plans vermutlich viele Wochen lang mit deiner Geschäftsidee auseinandergesetzt haben wirst. Vieles ist dir inzwischen sonnenklar. Aber dein Plan richtet sich nicht an dich. Du bist bereits überzeugt und begeistert. Dein Plan richtet sich an Menschen, die im Extremfall noch nie etwas von dem gehört haben, was du vorhast. Deshalb muss alles in deinem Plan einfach dargestellt und leicht verständlich nachzuvollziehen sein.

Darüber hinaus erstellst du Tabellen, die du an sinnvollen Stellen in deinen Plan einfügst. In den Tabellen stellst du die Einnahmen und Ausgaben eines Jahres dar sowie den sich daraus ergebenden Gewinn. Die Einnahmen und Ausgaben sollten zudem in die wichtigsten Komponenten, aus denen sie sich zusammensetzen, unterteilt sein.

Das Ganze machst du mindestens für die ersten drei Geschäftsjahre. Erst dann kann der Prüfungsverband (auf den Prüfungsverband kommen wir später noch zurück) deinen Geschäftsplan auf seine wirtschaftliche Tragfähigkeit prüfen.

Es ist übrigens keinesfalls erforderlich, dass eine Genossenschaft bereits im ersten Jahr ihres Bestehens einen Gewinn abwirft. Und auch für das zweite Jahr ist dieser nicht zwingend. Schließlich dauert es für gewöhnlich eine gewisse Zeit, bis ein Geschäftsbetrieb einen Umfang erreicht hat, bei dem die erwirtschafteten Überschüsse die allgemeinen Verwaltungskosten übersteigen.

Es muss allerdings aus dem Plan erkennbar sein, dass die Gewinnzone nach einer Anlaufphase letztendlich erreicht wird.

Falls du an dieser Stelle noch keine Vorstellung davon hast, wie du das alles umsetzen sollst, so ist das keinesfalls verwunderlich. Nichts, was du im Alltag erledigst, ist damit vergleichbar. Ein paar Beispiele werden dir jedoch helfen, klarer zu sehen. Und auch grundsätzlich solltest du viel recherchieren. Schau dir also Internetauftritte von bereits gegründeten Genossenschaften an. Im Internet findest du ebenfalls zahlreiche Anleitungen und Beispiele für die Erstellung von Geschäftsplänen/Businessplänen.

Für den Anfang hier ein einfaches Beispiel, stark verkürzt dargestellt: Nehmen wir an, der Geschäftsplan besteht darin, mit Photovoltaikanlagen auf Dächern oder auf Wiesen Strom zu erzeugen und diesen zu verkaufen. Das, was die Genossenschaft für den Verkauf des Stroms bekommt, sind ihre Einnahmen. Ausgaben wären in dem Fall alle Kosten, die im Zusammenhang mit dem Betrieb der Genossenschaft und mit der Stromerzeugung anfallen. Letztere, also die Kosten der Stromerzeugung, setzen sich aus zwei Hauptbestandteilen zusammen: Die laufenden Kosten der Stromerzeugung und die sogenannten Abschreibungen für die Abnutzung.

Laufende Kosten fallen, wie der Name vermuten lässt, regelmäßig an. Für den Betrieb jeder PV-Anlage fallen beispielsweise Wartung, Reparatur, Reinigung als regelmäßige projektspezifische Kosten an.

Manchmal wird das etwas kniffelig bei der Darstellung. Regelmäßig heißt nämlich nicht unbedingt jährlich. Um Geschäftsverläufe nachvollziehbar zu machen, hat sich aber die Darstellung nach Jahren etabliert.

Wenn du nun Kosten ermittelst, die nicht jedes Jahr anfallen, dann hast du mehrere Möglichkeiten: Zum Beispiel kannst du versuchen, den Anfall der Kosten auf ein bestimmtes Jahr genau zu bestimmen, und sie in der Darstellung genau diesem Jahr zuordnen.

Eine andere Möglichkeit ist, die erwarteten Kosten gleichmäßig auf mehrere Jahre zu verteilen. Gehst du davon aus, dass die Reinigung einer Anlage 600 Euro kostet und alle fünf Jahre erforderlich ist, so berücksichtigst du in jedem Jahr 120 Euro Kosten für die Reinigung. Gehst du davon aus, dass alle zehn Jahre größere Reparaturen erforderlich sind, teilst du diese Kosten durch zehn und berücksichtigst dieses Zehntel in jedem Jahr als Kosten für Reparatur.

Ab einer gewissen Größe nennt man solche Positionen dann Rückstellungen bzw. Rücklagen. Das ist aber für die Erstellung des Geschäftsplans noch nicht notwendig. Um solche Feinheiten kümmert sich während des laufenden Geschäftsbetriebs der Steuerberater der Genossenschaft.

Ein begeisterter Steuerberater im Gründungsteam einer Genossenschaft kann übrigens ein Hauptgewinn sein. Arbeitet ein Steuerberater dauerhaft ehrenamtlich mit, kann er der Genossenschaft durch Beratung und vorbereitende Arbeiten jedes Jahr viel Zeit und auch viele Hundert Euro sparen.

Manche vorbereitende Arbeiten für Buchhaltung und Jahresabschlüsse können nach Einweisung durch den Steuerberater auch durch Mitglieder ausgeführt werden. Euer ehrenamtlicher Steuerberater muss diese dann nur noch prüfen und zur Weitergabe an ein externes Steuerbüro bzw. das Finanzamt aufbereiten. Es fällt leichter, einen Steuerberater für die aktive Unterstützung eurer Sache zu begeistern, wenn er ein einsatzfreudiges Team vorfindet und er sich sicher sein kann, dass nicht die ganze Arbeit im Bereich Finanzen an ihm hängen bleibt.

Aber Vorsicht: Es ist auch schon vorgekommen, dass sich Steuerberater nur deshalb an ein Gründungsteam »herangeschmissen« haben, um anschließend ihre Fähigkeiten zu ganz gewöhnlichen Marktpreisen anbieten und abrechnen zu können.

Dies ist nicht unwichtig, denn die Kosten für Buchführung, Jahresabschlüsse und Steuererklärungen gegenüber dem Finanzamt machen zumindest anfangs den größten Teil der allgemeinen laufenden Kosten einer Genossenschaft aus.

Weitere unvermeidbare laufende Kosten sind:

- Mitgliedschaft in einem selbst gewählten Prüfungsverband
- Pflichtmitgliedschaft in der örtlichen Industrie- und Handelskammer
- Kosten für die Prüfung durch den Prüfungsverband (alle ein bis zwei Jahre)
- Kontoführung

Hinzu kommen freiwillige Ausgaben, die je nach Geschäftsbetrieb unterschiedlich aussehen. In den meisten Fällen muss man jedoch mindestens noch die Kosten für einen Internetauftritt zu den unvermeidbaren Kosten hinzuzählen.

Was du bei der Darstellung der projektspezifischen Kosten (also der Kosten für jedes einzelne PV-Projekt) berücksichtigen musst, sind die oben erwähnten Abschreibungen für Abnutzung oder kurz gesagt Abschreibungen.

Durch Abschreibungen wird der Verbrauch eines langlebigen Wirtschaftsguts über seine Nutzungsdauer dargestellt. Eine PV-Anlage (langlebiges Wirtschaftsgut) hat zum Beispiel eine Nutzungsdauer von 20 Jahren. Deshalb werden sämtliche damit verbundenen Anschaffungs- und Herstellungskosten durch 20 geteilt. Das Ergebnis ist die jährlich zu berücksichtigende Abschreibung.

Soll die Stromproduktion in deinem Geschäftsplan zum Beispiel mit einer PV-Anlage erfolgen, für die die Genossenschaft anfangs 100.000 Euro investiert, dann muss ab dem Zeitpunkt der Anschaffung 20 Jahre lang in jedem Jahr des Geschäftsplans eine Abschreibung von 5.000 Euro (100.000 geteilt durch 20) auftauchen.

Ein kleiner Tipp: Habe nicht zu großen Respekt vor der Aufgabe, einen Geschäftsplan zu erstellen. Natürlich ist er der zentrale Baustein bei der Gründung einer Genossenschaft. Deshalb sollte er gewissenhaft und sorgfältig aufgebaut werden. Er ist aber keine unüberwindbare Hürde, selbst wenn es sich unterwegs einmal so anfühlen sollte. Sieh ihn lieber als Brücke, die dir hilft, an dein Ziel zu gelangen.

Hast du einen ersten Entwurf des Geschäftsplans erstellt oder bist du an einem Punkt, an dem du nicht weiterzukommen glaubst, so bitte in einem nächsten Schritt vertraute Menschen aus deinem Umfeld darum, deinen Plan zu lesen und dir Rückmeldung zu geben. Idealerweise hast du oder eine Person in deinem Umfeld Kontakt zu jemandem, der ein (eigenes) Unternehmen leitet. Diese Person kann dir nicht nur fachkundige Rückmeldung geben, sondern dir im Idealfall zusätzlich Tipps geben und vielleicht sogar hilfreiche Kontakte herstellen.

Anhand der Rückmeldungen kannst du deinen Geschäftsplan verbessern und verfeinern. Lass dich aber auch nicht verunsichern. Du bist schon ein Stück weit zum Experten geworden. Wenige andere verstehen nun so viel wie du von dem Geschäft, das deine Genossenschaft anbieten wird. Nicht jede Rückmeldung muss für dich daher Anlass sein, etwas am Geschäftsplan zu verändern. Und manchmal reicht auch schon eine etwas klarere, allgemein verständlichere Darstellung. Wie oben schon erwähnt, passiert das auch manchmal, wenn man Experte geworden ist: Man setzt bei anderen Menschen Dinge voraus, die nicht selbstverständlich sind (auch wenn sie dir inzwischen selbstverständlich erscheinen) und somit erklärt werden müssen.

3. Die Begeisterung: Mitstreiter finden

Wenn du eine Bürgergenossenschaft aufbauen willst, dann braucht es dafür – wer hätte das gedacht – jede Menge Bürger*innen. Das klingt trivial, ist aber entscheidend. Denn ob eine Unternehmung ein exklusiver Investment-Club oder eine echte Bürgerbewegung ist, liegt nicht an der dafür gewählten Rechtsform. Theoretisch kann man Wirtschaft in Bürgerhand auch mit einer Aktiengesellschaft (AG), einer Kommanditgesellschaft (KG) oder einer GmbH organisieren (in der Praxis aber viel zu aufwendig und mit hohen Verwaltungskosten verbunden).

Umgekehrt betrachtet ist eine Genossenschaft nicht automatisch eine Bürgergenossenschaft. Bereits drei Personen können eine Genossenschaft gründen. Über bestimmte Rechtkonstrukte, bei denen juristische Personen im Spiel sind, würden sogar zwei natürliche Personen oder auch nur eine genügen. Im Extremfall können Genossenschaften auf diese Weise sogar ganz ohne menschliche Mitglieder entstehen.

Ohne das weiter auszuführen, wird klar: Nur Bürger*innen machen eine Genossenschaft zu einer Bürgergenossenschaft.

Es liegt auch auf der Hand, dass die Menschen einer Gemeinde eine Bürgergenossenschaft nur dann als *ihre* Bürgergenossenschaft wahrnehmen, wenn viele dieser Menschen Mitglied dieser Genossenschaft sind. In einer Stadt mit 30.000 Einwohnern wird eine Genossenschaft mit lediglich 30 Mitgliedern für die meisten unter dem Radar fliegen. Bei 500 Mitgliedern sieht das schon anders aus.

Habe jetzt bitte nicht zu viel Ehrfurcht vor diesen Zahlen. Organisationen wachsen wie Bäume über viele Jahre. Und in den ersten Jahren sind sie ein zartes Pflänzchen. Du brauchst für die Gründung nicht schon Dutzende Menschen begeistern. Aber groß denken solltest du trotzdem. Nur als echte Bürgerbewegung kann eine Genossenschaft ihr Potenzial als gesellschaftliche Gestaltungsgröße voll entfalten.

Und dieses Großdenken hat auch für die Gründung bereits Auswirkungen: Eine Genossenschaft, die mehr als 20 Mitglieder hat, benötigt neben der jährlichen Mitgliederversammlung zwei weitere sogenannte Organe: einen Vorstand mit mindestens zwei Mitgliedern und einen Aufsichtsrat mit mindestens drei Mitgliedern.

Der Vorstand wird vom Aufsichtsrat berufen und führt die Geschäfte der Genossenschaft.

Der Aufsichtsrat wird von der Mitgliederversammlung gewählt und kontrolliert. Er unterstützt und berät den Vorstand.

Über das Gelingen der Gründungsversammlung hinaus kann es zudem sinnvoll sein, für den Vorstand und den Aufsichtsrat mehr Personen zu finden, als es das gesetzliche Minimum verlangt. Scheidet im Laufe der Jahre jemand aus einem dieser Organe aus, muss nicht sofort und zwingend Ersatz gefunden werden, und die Kontinuität der Arbeit und des Know-hows bleibt in größerem Maße gewährleistet.

Bei der Wahl des Vorstands solltet ihr bereits zu Beginn möglichst auf längerfristige Kontinuität achten. Die Namen der Mitglieder des Vorstands werden nämlich ins Genossenschaftsregister beim Registergericht (in der Regel das Amtsgericht) eingetragen. Jeder Wechsel im Vorstand muss ebenfalls dem Registergericht mitgeteilt werden. Da dies nur ein Notar tun darf, entstehen der Genossenschaft bei jedem Wechsel im Vorstand Kosten.

Die Zusammensetzung des Aufsichtsrats muss nicht im Genossenschaftsregister eingetragen werden. Ein künftiger Wechsel im Aufsichtsrat verursacht demnach keine Kosten.

Die Personen, die fähig und im Falle ihrer Wahl bzw. Berufung bereit sind, diese Aufgaben zu übernehmen, müssen natürlich nicht bereits ganz am Anfang feststehen, wenn die Idee zur Gründung gerade erst entsteht und die ersten Vorbereitungen getroffen werden.

Theoretisch kannst du sogar so begeistert sein, dass du alles allein vorbereitest und die übrigen Gründer am Tag der Gründung nur erscheinen und unterschreiben – und einige von ihnen sich als Vorstand und Aufsichtsrat wählen lassen.

Das wäre aber der umständlichste Weg. Denn es geht schneller und einfacher, wenn die Aufgaben auf mehrere verteilt sind. Zudem macht es mehr Spaß. Wenn man gemeinsam etwas Sinnvolles aus der Taufe hebt, was es vorher nicht gab, liegt eine ganz besondere Atmosphäre in der Luft. Und wenn man zu mehreren ist, kann man sich gegenseitig unterstützen und motivieren, falls mal Dinge nicht so laufen, wie geplant oder jemand aus persönlichen Gründen eine Pause einlegen muss. Außerdem bekommen deine Mitstreiter auf diese Weise bereits eine Vorstellung davon, was auf sie zukommt, sollten sie bereit sein, für das Amt eines Vorstands oder Aufsichtsrats zu kandidieren.

Nicht zuletzt ist es von Vorteil, dass bereits frühzeitig alle wissen, worum es bei der Genossenschaft geht, indem sie sie gemeinsam planen und vorbereiten. Der Überzeugungs- und Erklärungsaufwand sinkt enorm. Zusätzlich gibt es damit bereits vor der Gründung Multiplikatoren. Wenn du alles allein vorbereitest, musst du bis zur Gründung noch einige Mitstreiter finden und ihnen erklären, warum sie mitmachen sollen und was das für sie bedeutet. Selbst um lediglich den Aufsichtsrat und den Vorstand mit der Mindestanzahl plus jeweils einer zusätzlichen Person besetzen zu können, müsst ihr sieben Gründer*innen sein. Das heißt, du musst sowieso außer dir mindestens noch sechs weitere Menschen begeistern.

Seid ihr von Anfang an sieben, können alle sieben bereits von Anfang an auch Multiplikator*in sein. Seid ihr in der Werbung dann nur halb so erfolgreich, wie du es bis spätestens kurz vor dem Gründungstag allein sein müsstest, wärt ihr schon 21.

Man muss auch nicht alles selbst können. Wenn es möglich ist, hol dir unterschiedliche Fähigkeiten ins Team. Das macht die Gründung und den Betrieb eurer Bürgergenossenschaft leichter.

Jemand, der sich mit Verwaltungsaufgaben und/oder Finanzen auskennt, ist von Vorteil. Es muss aber kein gestandener Beamter sein. Wer bereits eine Steuererklärung selbst erstellt hat, wird auch auf dem Weg zur Gründung einer Genossenschaft kein unüberwindliches Hindernis sehen. Aber unbedingt erforderlich ist auch das nicht. Man kann sich alles aneignen. Alle erforderlichen Informationen finden sich in diesem Buch und/oder im Internet.

Das Fundament ist in jedem Fall Begeisterung und die feste Überzeugung, dass das getan werden muss, was sich die Bürgergenossenschaft zum Ziel gesetzt hat. Daraus speist sich die Energie und das Durchhaltevermögen, um alle Hürden auf dem Weg der Gründung zu nehmen.

4. Das Papier: Satzung und Geschäftsordnung zusammenstellen

Nun wird es etwas förmlich. Eine Satzung muss erstellt werden. Und vielleicht auch eine Geschäftsordnung. Aber auch das ist leichter, als du vielleicht zu Anfang glaubst.

Die Satzung

Viele Menschen haben bei bürokratisch anmutenden Themen Berührungsängste. Deshalb schlage ich für die Erstellung der Satzung folgenden einfachen Weg vor:

- 1. Schritt: Schau dir zuerst im Genossenschaftsgesetz (GenG) die Mindestanforderungen an. Danach wird eine eventuelle Sorge, diese Aufgabe könnte zu groß sein, ganz schnell ganz klein. Es sind nämlich nur fünf Punkte. Den entsprechenden Gesetzestext findest du auf der Seite www.gesetze-im-internet.de, ein Service vom Bundesministerium für Justiz und Verbraucherschutz.[18]
- 2. Schritt: Informiere dich nun bei anderen Genossenschaften (die meisten Genossenschaften stellen ihre Satzung auf ihre Webseite), wie diese in ihren Satzungen diese fünf Punkte geregelt haben. Stößt du auf Regelungen, die dir zusagen, hast du damit Formulierungshilfen für eure eigene Satzung. Natürlich kannst du auch Kontakt zu einer oder mehreren Genossenschaften aufnehmen und dir die Erlaubnis geben lassen, einige Formulierungen eins zu eins aus deren Satzung zu übernehmen.

Alternativ kannst du eine Mustersatzung verwenden. Diese musst du dann nur noch so anpassen, damit sie das wiedergibt, was für eure Genossenschaft gelten soll. Eine Mustersatzung speziell für kleine

Genossenschaften hat zum Beispiel der Deutsche Genossenschafts- und Raiffeisenverband ins Netz gestellt.

Manche Formulierungen in Satzungen oder Beispielen, auf die du bei deinen Recherchen stößt, werden dir umständlich und schwer verständlich vorkommen. Das liegt oft daran, dass solche Texte eindeutig sein sollen, also idealerweise keinen Interpretationsspielraum lassen dürfen. Dadurch wirken sie manchmal etwas hochgestochen. Aber sie müssen keineswegs zwingend so sein. Wenn dir eine einfachere Formulierung einfällt, dann nimm diese.

Stell dir als gedankliche Hilfe vor, du würdest die Spielanleitung für ein Brettspiel verfassen. Diese sollen auch eindeutig formuliert sein, aber sie kommen einem meist viel lebendiger und lebensnäher vor. Die Vorstellung, dass du nicht etwa ein Gesetz schreibst, sondern vielmehr Spielregeln für eure Genossenschaft festlegst, beseitigt vielleicht die eine oder andere gedankliche Blockade.

Auch aus einem anderen Grund kannst du entspannt bleiben: Bevor die Satzung verbindlich beschlossen wird und damit die Rahmenbedingungen eurer Genossenschaft darstellt, wird sie vom Prüfungsverband eurer Wahl geprüft. Sobald ihr die Bescheinigung des Prüfungsverbands habt, dass aus seiner Sicht nichts gegen die Gründung spricht, wisst ihr, dass mit eurer Satzung alles in Ordnung ist. Andernfalls wird euch euer Prüfungsverband auf Stellen in der Satzung hinweisen, die ihr euch nochmal anschauen und gegebenenfalls ändern solltet.

Die Geschäftsordnung

Dann gibt es da noch die sogenannte Geschäftsordnung. Eine Geschäftsordnung kann eine hilfreiche Ergänzung der Satzung sein. Sie ist aber im Gegensatz zur Satzung nicht gesetzlich vorgeschrieben. In der Geschäftsordnung regelt die Genossenschaft alles, was ihr so wichtig ist, dass sie es nicht nur den jeweils berufenen Vorständen überlassen möchte, darüber zu entscheiden. Gleichzeitig sind die Festlegungen in der Geschäftsordnung nicht so grundlegend wie die in der Satzung geregelten Punkte. Daher können sie je nach Erkenntnislage auch unkomplizierter geändert werden. Für solche Themen ist die Geschäftsordnung praktischer als die Satzung. Da die aktuelle Fassung der Satzung immer im Genossenschaftsregister beim zuständigen Registergericht hinterlegt sein muss, müsst ihr nach jeder Änderung eurer Satzung die neue Version beim Registergericht einreichen. Zudem dürft ihr eure Satzung nicht allein ändern und einreichen. Eine Satzungsänderung muss immer von einem Notar beurkundet und anschließend beim Registergericht eingereicht werden. Vor diesem zeitlichen und finanziellen Aufwand schreckt man leicht zurück. So unterbleiben manchmal sinnvolle Änderungen, die die Handlungsfähigkeit der Genossenschaft verbessern. Deshalb meine Empfehlung: Themen im Zweifel in der Geschäftsordnung regeln. Diese kann leichter geändert werden.

Umgekehrt heißt das aber auch: Was euch sehr wichtig ist, sollte in der Satzung festgeschrieben sein. Manche Regeln formen den Charakter einer Genossenschaft mehr als andere. Wenn ihr wollt, dass sich auch die nächste Generation von Aktiven in eurer Genossenschaft den Werten verbunden fühlt, auf denen ihr eure Genossenschaft aufbaut, dann solltet ihr diese in der Satzung verankern.

Und dann gibt es wie in jedem Lebensbereich immer auch Themen, zu denen man eine Meinung haben kann, aber nicht unbedingt muss. Beim genaueren Hinsehen sind das sogar erstaunlich viele Themen. Wenn ihr also eine Vorstellung habt, dass etwas auf eine ganz bestimmte Weise getan werden sollte, dann fragt euch immer selbstkritisch, ob das wirklich allgemeingültig ist oder ob das vielleicht nur für euch persönlich eine bewährte Herangehensweise ist.

Ein ganz simples Beispiel ist die Art und Weise, wie der Vorstand die Mitglieder der Genossenschaft zur Mitgliederversammlung einlädt. Dies muss nämlich in der Satzung geregelt werden. Eine zulässige und bewährte Form der Einladung ist, jedes Mitglied persönlich in

Textform anzuschreiben. Das kann natürlich per Brief erfolgen, aber E-Mails sind inzwischen zum Glück auch zulässig. Damit offenbare ich hier meine persönliche Präferenz. Eine E-Mail zum Beispiel 100 Mitgliedern zu schicken, ist mit sehr viel weniger Aufwand verbunden, als das Schreiben, Drucken, Eintüten, Frankieren und Versenden von 100 klassischen Briefen. Und es spart viel Geld.

Niemand kann jedoch sagen, ob E-Mails in 10 oder 50 Jahren noch geeignete Mittel für Einladungen zu Mitgliederversammlungen sind. Vielleicht ist die E-Mail bis dahin in Verruf geraten. Oder es gibt etwas Praktischeres. Habt ihr euch in der Satzung ausschließlich auf E-Mails festgelegt, müsstet ihr dann aufwendig und teuer die Satzung ändern. Übernehmt ihr aber nur die gesetzliche Mindestanforderung (Einladung in Textform), haben eure zukünftigen Vorstände bzw. Mitgliederbeauftragten die Möglichkeit, aus den dann gesetzlich zulässigen Kommunikationsmöglichkeiten immer die für die Genossenschaft vorteilhaftesten zu wählen.

Und vielleicht habt ihr eines Tages jemanden als Mitgliederbeauftragte*n, die/der die Einladungen am liebsten per Brief verschickt und einige davon sogar beim Spazierengehen persönlich einwirft. Auch diese Möglichkeit besteht, wenn ihr die Form der Einladung nicht zu detailliert geregelt habt. Das Gleiche gilt umso mehr für Themen, deren Regelung nicht gesetzlich vorgeschrieben ist. Alles, was für den Charakter der Genossenschaft nicht super wichtig ist oder für die gute Zusammenarbeit der zum Zeitpunkt der Gründung schon bekannten Mitstreiter nicht unbedingt erforderlich scheint, sollte lediglich als Konsens im Raum stehen und der Entscheidung der jeweiligen Vorstände und Mitgliederversammlungen überlassen bleiben. So ist die Genossenschaft flexibel und engt sich nicht selbst ein.

Was aber auf jeden Fall geregelt werden sollte, egal ob in der Satzung oder in der Geschäftsordnung, sind die folgenden beiden Punkte: Die Mindesthöhe eines Anteils an der Genossenschaft und das Ausscheiden aus einer Genossenschaft

Ist keine Mindesthöhe festgelegt, kann theoretisch ein neues Mitglied aufgenommen werden, das lediglich einen Anteil in Höhe von einem Euro erwirbt. Sogar ein Anteil in Höhe von einem Cent wäre möglich. Das hätte zwar durchaus den Vorteil, dass wirklich jede*r Mitglied der Genossenschaft werden kann. Zum Beispiel, Schüler*innen oder Studierende, die gern ehrenamtlich helfen möchten, die Genossenschaft nach vorn zu bringen, aber das Geld gerade für andere Dinge dringender brauchten, als es in eine Genossenschaft zu investieren.

Würde jemand nun zum Beispiel 1.000 Euro investieren und ein einzelner Anteil an der Genossenschaft betrüge einen Cent, dann wären das bereits 100.000 Anteile. Das wäre zwar möglich, würde aber die Verwaltung der Anteile sehr schnell erschweren und fehleranfällig machen. Unter anderem deshalb, weil jedem Anteil im Falle eines zu verteilenden Jahresgewinns, der entsprechende Teil davon zugeordnet wird. Ebenso wie die darauf zu entrichtenden Steuern.

Andererseits darf der Mindestanteil jedoch nicht zu hoch sein, wenn die Bevölkerung eurer Gemeinde in ihrer ganzen Breite die Möglichkeit haben soll, in der Genossenschaft vertreten zu sein. Denn nur so kann sie eine echte Bürgergenossenschaft sein. Ist die finanzielle Eintrittsbarriere zu hoch, wird eure Genossenschaft bestenfalls ein exklusiver Investmentclub.

Wie hoch ist nun die ideale Höhe des Mindestanteils einer Bürgergenossenschaft? Auch wenn sich das nicht allgemeingültig sagen lässt, weil es immer ein Abwägen zwischen Offenheit und Verwaltungsaufwand ist, will ich trotzdem eine Zahl nennen:

Für die Bürger-Energie Lüdenscheid eG, die ich im Jahr 2015 mitgegründet habe, haben wir seither mit 100 Euro gute Erfahrungen gemacht. Das ist ein Betrag, den die meisten Menschen nicht ohne eine gewisse Ernsthaftigkeitsprüfung aus der Hand geben. Wer einen Anteil kauft, ist also von der Sache überzeugt. Zudem lässt sich mit Zehnerpotenzen gut rechnen. Und 100 Euro können von vielen so gerade noch als symbolischer Anteil empfunden werden. Wer also nur mitmachen möchte, kauft einen Anteil, ohne dass das Geld an anderer Stelle fehlt. Und wer richtig investieren möchte, kauft mehrere Anteile.

Natürlich gibt es immer mal wieder Mitglieder, die aus eurer Genossenschaft ausscheiden möchten und daher ihre Anteile ganz oder teilweise ausbezahlt haben möchte. Der Ablauf des Ausscheidens sollte daher genau festgelegt sein. Wenn dieser Fall eintritt, wird der Aufwand wesentlich geringer sein, als wenn dann erst Regelungen getroffen werden müssen oder die bestehenden Regelungen nicht eindeutig sind.

Wichtig wird das zum Beispiel in folgendem Fall: Ein Mitglied findet die Ziele und den Geschäftsplan eurer Genossenschaft toll und investiert 10.000 Euro. Nach zwei Jahren hat dieses Mitglied eine andere Investmentidee und möchte – wie man an der Börse sagen würde – umschichten. Oder das Geld wird für einen Hauskauf oder eine Renovierung benötigt. Müsste die Genossenschaft die 10.000 Euro sofort auf Zuruf auszahlen, würde sie das möglichweise in Zahlungsschwierigkeiten oder zumindest unter Handlungsdruck bringen. Nicht immer hat man 10.000 Euro liquide auf dem Girokonto liegen. Die Genossenschaft müsste also schnell weitere Mitglieder finden und/oder einige der bestehenden Mitglieder stocken ihre Anteile auf. Alternativ muss die Genossenschaft einen Kredit aufnehmen. Beides sind – zumal unter Zeitdruck kommuniziert – keine vertrauensbildenden Maßnahmen.

Daher ist es von Vorteil, eine Kündigungsfrist für die Mitgliedsanteile festzulegen. Diese kann beispielsweise fünf Jahre betragen. Um langjährig treuen Mitgliedern einen notwendig gewordenen Ausstieg zu erleichtern, kann man ihnen die Jahre der bisherigen Mitgliedschaft bis zu einer bestimmten Höhe anrechnen, um die sich die Kündigungsfrist dann reduziert.

Läge die maximale Anrechnung bei drei Jahren, bekäme jemand, der beispielsweise bereits drei Jahre lang Mitglied ist, in diesem Fall nicht erst nach fünf, sondern bereits nach zwei Jahren seine Anteile ausbezahlt. Besteht die Mitgliedschaft seit zwei Jahren, erfolgt die Auszahlung nach drei Jahren. Besteht die Mitgliedschaft seit vier, fünf oder sechs Jahren, erfolgt die Auszahlung nach zwei Jahren (maximal drei Jahre der Mitgliedschaft werden auf die Kündigungsfrist von fünf Jahren angerechnet).

Die mit Kündigungsfristen erzielbare Liquiditäts- und Handlungssicherheit hat jedoch auch eine Kehrseite: Geld gilt als scheues Reh. Wenn jemand weiß, dass er im Bedarfsfall nur schwer oder spät wieder an sein Geld kommt, wird er vielleicht gar nicht erst investieren. Deshalb ist die erwähnte Anrechnung der Mitgliedschaft so wichtig.

Zusätzlich sollte einem kündigungswilligen Mitglied auch die Möglichkeit eingeräumt werden, seine Anteile an Dritte zu verkaufen. Käufer kann zum Beispiel ein bestehendes Mitglied der Genossenschaft sein. Dann ist nur zu beachten, dass eine eventuell festgelegte Höchstzahl an Anteilen pro Mitglied nicht überschritten wird. Käufer kann aber auch eine bisher unbeteiligte dritte Person sein, die durch den Erwerb der Anteile Mitglied wird.

Die Genossenschaft kann Austrittswillige auch bei der Suche nach Käuferinnen und Käufern für ihre Anteile unterstützen. Und es gibt weitere Möglichkeiten, den Austritt zu erleichtern und zu beschleunigen. Melden etwa zur gleichen Zeit weitere Bürger*innen Interesse am Erwerb von Anteilen an der Genossenschaft an (oder ihr führt gar eine Warteliste, weil sich zeitweise mehr Investitionswillige bei euch melden, als ihr aktuell Projekte bzw. Investitionsbedarf habt), so kann die Genossenschaft anstatt der Ausgabe von neuen Anteilen den Verkauf der bestehenden Anteile des austrittswilligen Mitglieds an die Beitrittswilligen vermitteln. Alternativ (und eventuell mit weniger Aufwand verbunden) kann die Genossenschaft bei gleichzeitiger Zeichnung von neuen Anteilen durch beitrittswillige Bürger*innen auf ihre Kündigungsfrist gegenüber dem austrittswilligen Mitglied verzichten.

All diese Maßnahmen schaffen Vertrauen bei den Mitgliedern und potenziellen weiteren Mitgliedern. Schlagt Mitgliedern, die ihre Anteile abgeben möchten, in jedem Fall vor, zumindest einen Anteil zu behalten. So bleibt sie/er auch weiterhin Mitglied der Genossenschaft.

5. Die Sicherheit im Hintergrund: Einen passenden Genossenschaftsverband auswählen

Jede Genossenschaft in Deutschland muss einem sogenannten Genossenschaftlichen Prüfungsverband angehören. Wie der Name sagt, prüft dieser Genossenschaften. Das ist insbesondere bei der Gründung einer Genossenschaft hilfreich – und genau deshalb ebenfalls vorgeschrieben.

Der von dir gewählte Prüfungsverband prüft vor der Gründung euren Geschäftsplan, die Satzung und gegebenenfalls die Geschäftsordnung. Wenn er sein Okay gibt, in Form einer positiven Bescheinigung, dann könnt ihr gründen. Diese Bescheinigung muss auch später bei der Eintragung ins Genossenschaftsregister dem zuständigen Gericht vorgelegt werden. Denn ohne sie gibt es keine Eintragung. Aber ebenso wichtig ist die Bescheinigung als Bestätigung eurer Arbeit. Denn nun wisst ihr, dass ihr nichts vergessen habt, nichts falsch gemacht habt und vor allem, dass euer Geschäftsplan von unabhängiger Stelle als wirtschaftlich tragfähig erachtet wird.

Die Pflicht zur Mitgliedschaft in einem Prüfungsverband hat aber noch weitere Vorteile: Genossenschaften sind in Deutschland die insolvenzsicherste Rechtsform. Das heißt, unter den Unternehmen, die ihren Geschäftsbetrieb wegen Zahlungsunfähigkeit beenden müssen, sind nur sehr selten Genossenschaften zu finden. Und auch andersherum: Der Anteil der jährlich insolvent werdenden Genossenschaften an der Gesamtzahl aller Genossenschaften ist geringer als bei allen anderen Gesellschaftsformen.

Neben der dezentralen Organisationsform, die die Geschäfte transparenter und Fehlentwicklungen schneller sichtbar macht, ist dafür auch eine Regelung verantwortlich, die im Genossenschaftsgesetz festgelegt ist: Genossenschaften müssen sich je nach Größe alle ein oder zwei Jahre von ihrem Prüfungsverband prüfen lassen. Die Prüfungsverbände haben durch ihre langjährige Tätigkeit viel Erfahrung mit den Geschäften und Entwicklungen von Genossenschaften und können Gefahren oft frühzeitig entdecken. Die Geschäftsführung kann so meist noch rechtzeitig gegensteuern und eine existenzbedrohende Situation vermeiden.

Von welchem Prüfverband sich eure Genossenschaft prüfen lässt, könnt ihr euch selbst aussuchen. Zur Übersicht über alle bedeutenden genossenschaftlichen Prüfungsverbände gibt es auf Wikipedia den entsprechenden Artikel.[19]

In der Regel besteht zwischen einer Genossenschaft und ihrem Prüfungsverband eine langfristige Partnerschaft. Der Prüfungsverband begleitet die Genossenschaft von Anfang an, indem er den Geschäftsplan der Genossenschaft (siehe Schritt 2 dieses Kapitels, S. 57) auf seine Tragfähigkeit prüft. Kommt der Prüfungsverband zu dem Schluss, dass der Geschäftsplan geeignet ist, dauerhaft Gewinn zu erwirtschaften, bescheinigt er die wirtschaftliche Tragfähigkeit. Erst mit dieser Bescheinigung kann die Genossenschaft in das Genossenschaftsregister eingetragen werden und ihren Geschäftsbetrieb aufnehmen.

Die Prüfungsverbände finanzieren sich durch Gebühren und Mitgliedsbeiträge. Die Gebühren für das Gründungsgutachten und die ein- bzw. zweijährlichen Prüfungen sollten einen niedrigen bis mittleren dreistelligen Betrag nicht übersteigen. Zumindest gibt es Prüfverbände, die diese Prüfungen speziell für kleine Genossenschaften so günstig anbieten. Auch die jährliche Mitgliedsgebühr sollte anfangs einen niedrigen dreistelligen Betrag nicht übersteigen.

Nun müsst ihr euch »nur« noch über die für euch infrage kommenden Genossenschaftsverbände informieren, vielleicht ein paar Telefonate mit einigen davon führen oder ein paar E-Mails wechseln und schließlich einen auswählen und diesem beitreten.

Während des Auswahlverfahrens habt ihr bestimmt auch schon die für euch im weiteren Gründungsprozess zuständige Ansprechperson beim jeweiligen Prüfverband kennengelernt. Dieser Person schickt ihr nun die von euch erstellten Dokumente: euren Geschäftsplan, eure Satzung und eure Geschäftsordnung.

Möglicherweise geht es dann ein paarmal hin und her: Ihr werdet vielleicht auf einzelne Stellen hingewiesen, die man nach Ansicht und Erfahrung des Prüfungsverbands anders formulieren oder gestalten sollte. Vielleicht muss auch im Geschäftsplan noch der eine oder andere bisher ausgesparte Gedanke berücksichtigt werden. Schlimmstenfalls sind die Bedenken des Prüfungsverbandes größer und ihr werdet noch eine Runde in die grundlegende Überarbeitung geschickt. Vielleicht gibt es aber auch gar nichts zu beanstanden.

Am Ende des Austauschs mit dem Prüfungsverband werdet ihr euch im Regelfall jedenfalls grünes Licht erarbeitet haben und könnt den nächsten Schritt gehen: Die Vorbereitung der Gründungsversammlung.

6. Der Geburtstag: Die Gründungsversammlung

Der große Tag ist nun in Sichtweite. Der größte Teil der Arbeit auf dem Weg zur Gründung eurer Genossenschaft ist bereits erledigt. Und auch der trockenste. Denn ab nun geht es hauptsächlich darum, worum es bei der Genossenschaftsarbeit auch in Zukunft überwiegend geht: Menschen für das Mitmachen zu begeistern!

Je mehr überzeugte Mitstreiterinnen und Mitstreiter von Anfang an dabei sind, umso besser. Denn alle sind im Idealfall Multiplikatoren und vielleicht auch auf andere Weise zum Wohl der Genossenschaft aktiv. Zum Beispiel als Mandatsträger*in (Vorstand, Aufsichtsrat), als Beauftragte*r für irgendetwas oder in Arbeitskreisen.

Sobald ihr Ort, Datum und Zeit für die Gründungsversammlung festgelegt habt, rührt also nochmal alle ausgiebig die Werbetrommel für euer Vorhaben – und zwar bei jeder Gelegenheit, die sich bietet. Die Menschen müssen spüren, dass ihr für diese Sache brennt. Dann wird für sie erlebbar, dass es tatsächlich eine Idee ist, für die man sich begeistern kann und sollte. Und in Gegenwart von so viel Begeisterung wird es auch viel schwerer für sie, euch euren Wunsch nach Unterstützung für die Gründung abzuschlagen – und sei es nur in Form des Mitgründens und anschließend als (vorerst) passives Mitglied.

Falls ihr mit dem Finden eines geeigneten Ortes für die Gründungsversammlung noch Schwierigkeiten habt, hier ein paar Anregungen: Grundsätzlich kommen viele Orte infrage. Es können Privaträume sein, falls fast alle Gründer*innen in spe sich persönlich kennen. Falls jemand Kontakt zu einem Sportverein oder einer Kirchengemeinde hat, könnt ihr euch um entsprechende Räume bemühen. Vielleicht bekommt ihr sie sogar kostenlos zur Verfügung gestellt. Auch die Stadt bzw. Gemeinde stellt euch auf Anfrage möglichweise einen Raum zur Verfügung. Bleibt ihr bei eurer Suche nach einem Raum letztendlich erfolglos, könnt ihr euch einen Raum in einer Gastwirtschaft reservieren. Wenn jeder eine Kleinigkeit trinkt und/oder isst, bekommt ihr solche Räume in der Regel, ohne Miete dafür zahlen zu müssen. Aber vielleicht gewährt euch ja auch die »Verwandtschaft« Unterschlupf: Die örtliche Volksbank oder Wohnungsgenossenschaft dürfte über einen Versammlungsraum verfügen, der für eure Zwecke groß genug ist.

Wenn ihr wisst, wer ungefähr alles zur Gründungsversammlung kommen wird, dann schwört speziell diesen Kreis noch mehrmals darauf ein. Erinnert an den Termin durch mindestens eine Rundmail oder Ähnliches an alle und zusätzlich durch jeweils mindestens eine persönliche Ansprache.

Natürlich verschickt ihr auch eine offizielle Einladung an den Kreis derer, die bereits zugesagt haben, bei der Gründung dabei zu sein, und an diejenigen, von denen ihr hofft, dass sie sich noch dazu entschließen werden.

Zusammen mit der Einladung versendet ihr auch die Tagesordnung der Gründungsversammlung und die von euch ausgearbeitete Satzung. Da die Satzung auf der Gründungsversammlung verabschiedet werden soll, ist es angebracht, dass alle Gründungsmitglieder die Satzung vorher gelesen haben oder zumindest die Gelegenheit dazu hatten. Alle Gründungsmitglieder unterschreiben nämlich die Satzung. Dies ist der eigentliche Gründungsakt.

Nun zur Tagesordnung: Eine gut strukturierte Tagesordnung gewährleistet, dass alle zur Gründung erforderlichen Punkte berücksichtigt und abgearbeitet werden. Nehmt euch Zeit, um die Tagesordnung sorgfältig zu erstellen und dabei den Ablauf mehrfach und in Ruhe gedanklich durchzugehen.

Der in der Tagesordnung festgelegte Ablauf der Gründungsversammlung folgt wie ein Theaterstück (und wie jede bedeutende Versammlung) einer Inszenierung. Seid also gute Regisseure!

Zur besseren Übersichtlichkeit könnt ihr die Versammlung in drei Teile unterteilen: Teil A, Teil B und Teil C (eigentlich sind es sogar vier Teile, denn Teil B besteht wiederum aus zwei Teilen und umrahmt quasi Teil C):

- A: Gründungsversammlung (Gründung)
- B1: Erste Mitgliederversammlung (Wahl des Aufsichtsrats)
- C: Erste Aufsichtsratssitzung (Berufung des Vorstands)
- B2: Bekanntgabe der Ergebnisse aus der Aufsichtsratssitzung, dann Sonstiges und Abschluss der Gründungsversammlung

Diese Unterteilung ist deshalb hilfreich, weil die Gründungsversammlung zwischendurch unterbrochen werden muss, damit der frisch gewählte Aufsichtsrat seine erste (kurze) Sitzung durchführen kann, darin aus seiner Mitte den Vorsitz und den stellvertretenden Vorsitz des Aufsichtsrats bestimmt und anschließend den Vorstand beruft.

Teil C und streng genommen auch schon Teil B1 gehören gar nicht mehr zur Gründungsversammlung (und dann natürlich auch nicht B2), sondern sind eigenständige, separate Versammlungen, die allerdings in Verbindung mit der Gründungsversammlung erforderlich sind, um die frisch gegründete Genossenschaft handlungsfähig zu machen.

Teil A
Die eigentliche Gründungsversammlung

Teil A ist der längste Teil der Gründungsversammlung. Hier wird auch der eigentliche Gründungsakt vollzogen. Nach einer Begrüßung aus dem Personenkreis, der die Einladungen verschickt hat, wird eine Versammlungsleitung gewählt. Dies ist deshalb erforderlich, weil es die Genossenschaft zu diesem Zeitpunkt noch nicht gibt und somit auch keinen Vorstand – der die Mitgliederversammlungen üblicherweise leitet. Die Versammlungsleitung besteht nur aus einer Person und ist leicht gewählt.

Auch wenn diese Wahl reine Formsache ist, erläutere ich den Ablauf hier trotzdem einmal in allen Details. Andere Wahlen, zum Beispiel die zu einem späteren Zeitpunkt der Gründungsversammlung anstehende Wahl des Aufsichtsrates, laufen nach dem gleichen Grundprinzip ab. Deshalb ist es gut, an einem einfachen Beispiel zu sehen, wie solche Wahlen grundsätzlich ablaufen.

Jemand aus dem Kreis, der zu Beginn der Versammlung die Begrüßung übernommen hat, fragt in die Runde nach Vorschlägen für die Versammlungsleitung. Idealerweise habt ihr im Vorfeld abgestimmt, wer bereit ist, die Versammlung zu leiten und es empfiehlt sich, dass es jemand ist, der die Versammlung mit vorbereitet hat. Aber es soll schließlich auch ganz zu Beginn schon allen deutlich werden, dass eine Genossenschaft eine demokratische und partizipative Angelegenheit ist. Wurde jemand vorgeschlagen und hat diese Person signalisiert, dass sie bereit ist, im Falle der Wahl zur Versammlungsleitung diese Rolle auch anzunehmen, könnt ihr zur Wahl schreiten. Allerdings nicht ohne vorher gefragt zu haben, ob es weitere Vorschläge für die Versammlungsleitung gibt. Das wird vermutlich nicht der Fall sein. Aber auch dieser elementare demokratische Schritt sollte gleich zu Beginn eingeübt werden.

Anschließend fragt ihr die Anwesenden, ob sie für die Wahl der Versammlungsleitung mit einer offenen (also nicht geheimen) Wahl einverstanden sind. Da in diesem Fall aller Voraussicht nach alle für die einzige zur Wahl stehende Person stimmen werden, werden alle mit einer offenen Wahl einverstanden sein. Demokratie ist manchmal anstrengend und umständlich, aber wie bei vielen komplexen Dingen ist es wichtig, die elementaren Bestandteile richtig zu beherrschen, damit auch im Großen später keine Fehler gemacht werden, bzw. diese im Fall von Missbrauchs- oder Manipulationsversuchen leichter erkannt werden können.

Nun stellt ihr den Anwesenden drei Fragen: Wer ist für die zur Wahl stehende Person, wer dagegen und wer enthält sich? In welcher Reihenfolge diese Fragen gestellt werden, bleibt euch überlassen.

Nachdem alle Anwesenden jeweils nach genau einer Frage den Arm gehoben haben, verkündet ihr noch einmal das für alle offensichtliche Ergebnis, gratuliert der gewählten Versammlungsleitung und fragt sie, ob sie die Wahl annimmt. Bejaht die gewählte Person, ist sie nun die Versammlungsleitung. Die Versammlungsleitung moderiert ab diesem Zeitpunkt die Gründungsversammlung und ruft nach und nach die Punkte der Tagesordnung auf.

Der nächste Punkt auf der Tagesordnung sieht vor, jemanden für die Führung des Protokolls zu wählen. Ein Protokoll ist für jede Versammlung wichtig, weil nur so im Nachhinein nachvollziehbar festgestellt werden kann, was besprochen und beschlossen wurde. Bei der Gründungsversammlung ist das Protokoll zudem erforderlich, weil es Bestandteil der über einen Notar beim Genossenschaftsregister einzureichenden Gründungsunterlagen ist. Das Protokoll ist genauso strukturiert wie die Tagesordnung.

Da der einzige Zweck der Gründungsversammlung die Gründung ist (inhaltliche Arbeit kommt später), kann und sollte das Gründungsprotokoll bereits weitgehend ausgefüllt sein. Die Person, die das Protokoll führt, muss nur noch die Namen der Personen einfügen, die in die unterschiedlichen Funktionen gewählt und berufen wurden, und das Ergebnis der Wahlen (Anzahl der Stimmen für die jeweiligen Kandidaten) dokumentieren. Die Wahl zur Protokollantin/zum Protokollanten läuft genauso ab wie die Wahl zur Versammlungsleitung.

Wie nun protokolliert wird, hängt davon ab, für welche Vorgehensweise ihr euch vor der Versammlung entschieden habt. Eine Möglichkeit ist es, das vorausgefüllte Protokoll vor der Versammlung auszudrucken. Die protokollierende Person füllt die offenen Stellen im Laufe der Versammlung handschriftlich. Eine andere Möglichkeit ist es, das Protokoll am Laptop zu führen. Bei dieser Variante müsst ihr zusätzlich einen Drucker mit zur Versammlung bringen. Das ausgefüllte Protokoll wird im Anschluss an die Versammlung von mehreren Personen unterschrieben:

- von der Person, die die Versammlungen (mit Ausnahme der Aufsichtsratssitzung) geleitet hat
- von der Person, die das Protokoll (mit Ausnahme der Aufsichtsratssitzung) geführt hat
- von allen Mitgliedern des Vorstands

Bevor es zum eigentlichen Gründungsakt kommt, erläutern nun die Initiatoren noch einmal allen Anwesenden, warum die Genossenschaft gegründet werden soll und was seit der Idee zur Gründung alles unternommen und vorbereitet wurde.

Dann naht der große Moment …

Die eigentliche Gründung ist eng mit der Satzung verbunden. Der konkrete Gründungsakt besteht im Unterschreiben der Satzung durch alle Gründungsmitglieder.

Bevor es dazu kommt, erläutert jemand aus dem Vorbereitungsteam noch einmal allen Anwesenden die Satzung. Da diese allen bereits im Vorfeld zugegangen war, reicht es aus, sich bei den Erläuterungen auf einige wesentliche Punkte zu beschränken.

Anschließend wird in einer der ausgiebig geschilderten Weisen darüber abgestimmt, ob die Satzung so angenommen wird. Ist das der Fall, erfolgt im Anschluss die Unterschrift aller Gründer*innen unter die Satzung – und die Genossenschaft ist offiziell gegründet!

Damit ist die eigentliche Gründungsversammlung schon fast an ihrem Ende angelangt. Einige flankierende Formalien können noch abgearbeitet werden, um die Genossenschaft arbeitsfähig zu machen. Unter »Sonstiges« kann zum Beispiel noch die Geschäftsanschrift der Genossenschaft beschlossen werden. In der Satzung ist als Sitz der Genossenschaft lediglich die entsprechende Gemeinde genannt. Anderenfalls müsste mit jedem Umzug innerhalb der Sitzgemeinde die Satzung geändert werden. Als Geschäftsanschrift kann zum Beispiel die Adresse eines der Vorstände genommen werden.

Ist auch der Punkt »Sonstiges« abgearbeitet, schließt die Versammlungsleitung die Gründungsversammlung und beruft unmittelbar im Anschluss die erste Mitgliederversammlung der neugegründeten Genossenschaft ein.

Teil B1
Die erste Mitgliederversammlung

Streng genommen könnte man für die Mitgliederversammlung erneut eine Versammlungsleitung und Protokollführung wählen. Es wird vermutlich aber auch nicht beanstandet, wenn die jeweils für die Gründungsversammlung gewählten Personen dies auch für die Mitgliederversammlung übernehmen. Um ganz sicherzugehen, kann man sich dieses Vorgehen noch einmal per Handzeichen von den Anwesenden bestätigen lassen.

Die Aufgabe dieser ersten Mitgliederversammlung ist die Wahl des ersten Aufsichtsrats der Genossenschaft. Der Ablauf der Wahl ist grundsätzlich so wie bei den vorangegangenen Wahlen.

Das heißt, dass auch hierbei die Wahl offen erfolgen kann – es sei denn, eure Satzung sieht etwas anderes vor – oder es wird von einem der folgenden Personen(kreise) *bestimmt* oder *beantragt*, dass per Stimmzettel geheim gewählt wird:

Die Versammlungsleitung kann *bestimmen*, dass geheim gewählt wird.

Beantragt werden kann eine geheime Wahl auch vom Vorstand oder vom Aufsichtsrat (aber nur vom jeweiligen Organ als Ganzes, also nicht von einzelnen Mitgliedern des Vorstands oder des Aufsichtsrats).

Ebenfalls geheime Wahl *beantragen* kann eine gegebenenfalls in eurer Satzung festgelegte Mindestanzahl an stimmberechtigten Versammlungsteilnehmern.

Da es zu diesem Zeitpunkt weder Vorstand noch Aufsichtsrat gibt, kann der Antrag für eine geheime Wahl also nur von der Versammlungsleitung oder aus dem Kreis der Gründungsmitglieder kommen.

Ein Unterschied zu den bisherigen beiden Mini-Wahlen ist, dass nun mindestens drei Aufsichtsräte gewählt werden müssen. Eure Satzung kann eine Mindest- und auch eine Höchstzahl an Aufsichtsräten festlegen, aber immer gilt das gesetzliche Minimum von drei Personen. Wie zuvor erwähnt, ist für Genossenschaften mit weniger als 20 Mitgliedern kein Aufsichtsrat vorgeschrieben. Es empfiehlt sich aber, diese Struktur gleich zu Beginn mit zu etablieren. Denn als Bürgerbewegung, die ihr werden wollt, sind 20 Mitglieder ja nur ein erster kleiner Meilenstein. Und vielleicht habt ihr ja sogar bereits 20 oder mehr Gründungsmitglieder.

Gewählt ist ein Aufsichtsrat, wenn sie/er eine einfache Mehrheit der abgegebenen gültigen Stimmen erhält. Das bedeutet mehr »Ja«-Stimmen als »Nein«-Stimmen. Enthaltungen werden nicht gezählt. Ungültig kann eine Stimme bei offener Abstimmung schwerlich sein. Bei geheimer Abstimmung per Stimmzettel ist eine Stimme ungültig, wenn etwas anderes oder Zusätzliches auf dem Zettel steht als nur »Ja« oder »Nein« oder »Enthaltung«.

Grundsätzlich wird über alle Kandidatinnen und Kandidaten einzelnen abgestimmt. Es ist aber auch möglich, über die Gesamtheit aller Kandidat*innen in einer einzigen gemeinsamen Wahl abzustimmen, sofern nicht mehr Kandidat*innen zur Wahl stehen, als gemäß eurer Satzung maximal dem Aufsichtsrat angehören dürfen.

Stehen mehr Kandidat*innen zur Verfügung als Plätze im Aufsichtsrat zu vergeben sind, so sind diejenigen Kandidat*innen gewählt, die die meisten »Ja«-Stimmen abzüglich der »Nein«-Stimmen auf sich vereinen. Sollte dieser bei der Gründung ungewöhnliche Fall auftreten, so empfiehlt sich eine geheime Wahl. Auf diese Weise wird verhindert, dass die Ergebnisse der Kandidat*innen, über die in einer offenen Wahl zuerst abgestimmt wurde, das Wahlverhalten der Abstimmenden bei der Abstimmung über die verbleibenden Kandidat*innen beeinflusst.

Teil C
Die erste Aufsichtsratssitzung

Nun wird die Gründungsversammlung unterbrochen und der frisch gewählte Aufsichtsrat zieht sich zu seiner konstituierenden Sitzung in eine Ecke des Raumes oder in einen anderen Raum zurück.

Zu Beginn der Aufsichtsratssitzung wählt der Aufsichtsrat aus seiner Mitte wie zu Beginn der Gründungsversammlung eine Versammlungsleitung und jemanden zur Führung des Protokolls. Das Protokoll ist idealerweise ebenso vorbereitet wie das Protokoll der Gründungsversammlung.

Moderiert von seiner Versammlungsleitung, wählt der Aufsichtsrat nun aus seiner Mitte die oder den Vorsitzende*n des Aufsichtsrates und deren/dessen Stellvertreter*in. Nach der Wahl übernimmt die/der gewählte Vorsitzende die Leitung der Aufsichtsratssitzung. Anschließend werden die Vorstände der Genossenschaft vom Aufsichtsrat berufen.

Ebenfalls kann festgelegt werden, wann und wo die nächste Aufsichtsratssitzung stattfinden soll. Damit die übrigen Gründungsmitglieder nicht allzu lange warten müssen, bis es weiter geht, wird erst in dieser nächsten Sitzung des Aufsichtsrates besprochen, wie dieser seine Rolle auszufüllen gedenkt und wie oft im Jahr die Aufsichtsratssitzungen stattfinden sollen.

Für die übrigen, während der Aufsichtsratssitzung vorübergehend beschäftigungslosen Mitglieder der Gründungsversammlung können Getränke und vielleicht ein paar Snacks gereicht werden. Sofern sich noch nicht alle Gründungsmitglieder untereinander kennen, besteht nun die Möglichkeit, die bisher eher Außenstehenden bei zwanglosem Plausch zu integrieren.

Teil B2
Fortsetzung der Mitgliederversammlung

Nachdem die Mitgliederversammlung fortgesetzt wurde, verkündet der Aufsichtsrat, wer zum Vorstand berufen worden ist.

Einer der frisch berufenen Vorstände übernimmt nun die Versammlungsleitung und ruft den nächsten Tagungsordnungspunkt auf. Nachdem alle Tagungsordnungspunkte aufgerufen und abgearbeitet worden sind, ist die Versammlung beendet. Herzliche Gratulation! Eure Genossenschaft existiert nun und ist arbeitsfähig!

Dem freudigen und hoffnungsvollen Anlass durchaus nicht unangemessen wäre es, wenn ihr nun noch irgendwo gemütlich eine Kleinigkeit zusammen essen geht und/oder auf die erfolgreiche Gründung anstoßt. In dieser formlosen Geselligkeit lassen sich auch gut die nächste Schritte andenken und die ersten konkreten Pläne für die Zukunft eurer jungen Genossenschaft schmieden.

7. Die Eintragung: Der Notar macht es amtlich

Nochmal Glückwunsch! Ihr habt eure Genossenschaft gegründet! Nun ist es nur noch ein wenig Fleißarbeit, bis ihr euren Geschäftsbetrieb offiziell aufnehmen könnt.

Als Nächstes packt ihr sämtliche Gründungsunterlagen zusammen, kopiert sie zur Sicherheit und tragt sie zum Notar. Obwohl ihr nun Kopien habt, würde ich vom Versenden per Post absehen und die Unterlagen persönlich abliefern. Im Falle des Verlustes helfen euch die Kopien zwar bei der Rekonstruktion, da ihr aber ausschließlich Originale abliefern dürft, müsstet ihr alles neu erstellen – was streng genommen die Wiederholung der Gründungsversammlung bedeuten würde. So kurz vor dem Ziel solltet ihr daher kein Risiko eingehen.

Bei der Auswahl des Notars habt ihr euch vorher mehrere Angebote eingeholt und die Kosten verglichen, die auf euch zukommen. Idealerweise habt ihr allerdings in eurem Umfeld einen Notar eures Vertrauens gefunden, der euch im Rahmen der Mindestpreise, die ihm sein Berufsverband auferlegt, ein günstiges Angebot macht. Noch idealer ist es, wenn ihr einen Notar findet, der bereits in eurem Gründungsteam mitmacht. Bei der Auswahl bitte die gleiche Sorgfalt und gesunde Skepsis walten lassen, wie in meinen Ausführungen zum Thema Steuerberater geschildert.

Der Notar erklärt euch auch, was noch zu tun ist und wie der weitere Ablauf erfolgt. Er beurkundet euer Gründungsprotokoll und reicht es mit den übrigen Gründungsunterlagen beim zuständigen Registergericht ein. Von der Person, die beim Registergericht eure Eintragung bearbeitet, bekommt ihr einige Tage bis wenige Wochen später Post mit der Benachrichtigung, dass eure Genossenschaft ins Genossenschaftsregister eingetragen ist.

Damit seid ihr eine eingetragene Genossenschaft und dürft nun den Anhang eG verwenden.

Möglicherweise hat man beim Registergericht zu einzelnen Gründungsunterlagen noch Fragen und setzt sich mit dem Notar, eurem Prüfungsverband oder mit euch direkt in Verbindung. In dem Fall kann es ein wenig länger dauern, bis ihr die Eintragungsnachricht in Händen haltet.

Wird euch das Warten zu lang, so fragt einfach bei eurem Notar nach. Oder ihr ruft beim Registergericht an und fragt euch zu der Person durch, die eure Eintragung bearbeitet. Vielleicht geht es nur um einfache Verständnisfragen, die ihr direkt beantworten und die Sache somit beschleunigen könnt.

8. Das ganz normale Business: Was auch noch wichtig ist

Die Wartezeit zwischen der Einreichung der Gründungsunterlagen und dem Erhalt der Eintragungsnachricht könnt ihr nutzen. Schaut in euer Geschäftsmodell. Dort werdet ihr sehen, was als Nächstes zu tun ist. Erste Projekte vorantreiben vielleicht. Oder die Produktion von Gütern oder Dienstleistungen vorbereiten.

Denkt bei allem, was ihr tut, aber daran, dass ihr zu diesem Zeitpunkt noch keine eingetragene Genossenschaft seid. Bis dahin haften alle Mitglieder mit ihrem Privatvermögen für etwaige Verpflichtungen, die die Genossenschaft eingeht. Wartet also mit dem Unterzeichnen von Verträgen oder dem Kauf von sehr teuren Dingen, bis ihr die Eintragungsnachricht vom Registergericht erhalten habt.

Damit alle eure Geschäftspartner wissen, dass ihr noch keine eingetragene Genossenschaft seid, dürft ihr bei eurer Korrespondenz zu diesem Zeitpunkt noch nicht den Zusatz **eG** (eingetragene Genossenschaft) verwenden. Stattdessen müsst ihr an den Namen eurer Genossenschaft ein »**i.G.**« (in Gründung) anhängen.

Einige Behörden und Einrichtungen wollen nun noch über eure Gründung informiert werden: Beim **Gewerbeamt** meldet ihr euer Gewerbe an. Hierfür gibt es eine Frist: Die Anmeldung muss unverzüglich mit Beginn der gewerblichen Tätigkeit erfolgen, spätestens nach zwei Wochen.

Je nach Art der Tätigkeit sind dafür weitere bestimmte Erlaubnisse und/oder Bescheinigungen erforderlich.

Das **Finanzamt** wird über eure Gründung vom Gewerbeamt informiert. Dennoch kann es sinnvoll sein, dass ihr euch selbst dort meldet. Vom Finanzamt bekommt ihr nämlich eure Steuernummer, die ihr je nach Geschäftsvorfall immer mal wieder angeben müsst.

Die **Berufsgenossenschaft** bekommt zwar erst Beiträge von euch, sobald eure Genossenschaft zusätzlich zu eurem ehrenamtlichen Engagement reguläre Beschäftigte einstellt. Anmelden müsst ihr eure Genossenschaft aber dennoch, und zwar mit einer Frist von einer Woche ab Eintragung ins Genossenschaftsregister.

Nach aktueller Gesetzeslage verpflichtend ist auch die Mitgliedschaft in einer sogenannten **Kammer**. Bei den meisten der in diesem Buch genannten Geschäftsfeldern für Genossenschaften dürfte es sich dabei um die örtliche Industrie- und Handelskammer (IHK) handeln. Die Kammer wird vom Finanzamt über eure Gründung informiert. Darum müsst ihr euch also nicht kümmern. Für die Mitgliedschaft erhebt die Kammer jährliche Beiträge.

Zusätzlich zur erwähnten Steuernummer braucht eure Genossenschaft für eine ganz spezielle Steuerart, die Umsatzsteuer, eine sogenannte **Umsatzsteuer-ID**. Diese könnt ihr online über das Formular-Management-System der Bundesfinanzverwaltung beantragen.[20]

Unabhängig von diesen Anmeldungen gibt es noch weitere Vorbereitungen, die getroffen werden sollten: Zum Beispiel braucht ihr zur Abwicklung eurer Geschäfte ein **Bankkonto**. Idealerweise erfolgen alle Ein- und Auszahlungen eurer Genossenschaft über ein einziges Konto. Das erleichtert besonders in den ersten Jahren den Überblick. Auch euer Steuerberater hat es dann leichter, was wiederum die Kosten für die Buchführung niedrig hält. Theoretisch lassen sich manche Geschäftsvorfälle auch bar abwickeln. Ich empfehle aber, dies vollständig zu vermeiden. Neben zusätzlichem Aufwand bzw. Risiko für die Aufbewahrung seid ihr bei nur einer einzigen Barzahlung pro Jahr verpflichtet, ein sogenanntes Kassenbuch zu führen. Auch das ist wieder zusätzliche Arbeit und eine Quelle für Fehler.

Bei welcher Bank sollt ihr euer Konto führen lassen? Es bietet sich an, eine Bank zu wählen, die die gleiche Rechtsform hat wie eure Genossenschaft: eine Genossenschaftsbank. Volksbanken sind zum Beispiel in der Regel Genossenschaften (siehe S. 37). Und wie ihr ja selbst zeigt, sind Genossenschaften eine unterstützenswerte Sache. Also ist es nur folgerichtig, wenn es eine Genossenschaft ist, die Geld mit eurer Kontoführung verdient. Aber auch Sparkassen, als Institute in kommunaler Trägerschaft, sind eine gute Sache. Auch hier zirkuliert euer Geld in lokalen bzw. regionalen Kreisläufen und Überschüsse kommen im Wesentlichen der Allgemeinheit zu Gute.

Weist bei der Kontoeröffnung deutlich und zur Sicherheit mehrmals darauf hin, dass ihr keine Automatenkarten wünscht. Da ihr keine Barkasse führen wollt, könnt ihr auf die Möglichkeit verzichten, Bargeld am Automaten vom Konto eurer Genossenschaft abheben zu können. Auch Kontoauszüge braucht ihr nicht am Automaten zu ziehen. Über Onlinebanking könnt ihr meist alles erledigen, was so anfällt. Und auch der Steuerberater bekommt die von ihm benötigten Bankdaten besser digital. Anderenfalls wird in seinem Büro jemand die physischen Kontoauszüge wieder unnötigerweise und kostenintensiv manuell digitalisieren müssen. Braucht ihr aus irgendeinem Grund doch gedruckte Kontoauszüge, könnt ihr euch diese auch von der Bank per Post zuschicken lassen. Das kostet jeweils nur eine geringe Gebühr und ist günstiger als die jährlich anfallenden Kartengebühren. Sagt ihr bei der Kontoeröffnung nicht dazu, dass ihr keine Karten wünscht, erstellt euch die Bank im schlimmsten Fall für jeden Kontozugangsberechtigten (in der Regel der komplette Vorstand) jeweils eine eigene Bankkarte. Kostet euch eine Karte pro Jahr 10 Euro und habt ihr drei Vorstände, sind das jährlich schon mal 30 Euro nutzlose Kosten, die ihr leicht vermeiden könnt.

Das Geld kann besser die Kosten für eine einfache **Internetpräsenz** decken. Eine solche solltet ihr möglichst einrichten. Menschen werden auf eure Genossenschaft aufmerksam werden. Wenn man dann mehr erfahren oder gar beitreten möchte, kann man seinem Impuls unmittelbar Taten folgen lassen, sofern ihr im Internet zu finden seid. Ist das nicht möglich, wird die Aufmerksamkeit der Menschen ganz schnell wieder von anderen Dingen abgelenkt.

Beschränkt sich das Geschäftsgebiet eurer Genossenschaft auf ein Dorf, in dem fast jeder fast jeden kennt, ist die Situation eine andere. Dann wird man euch auch so finden, wenn man euch finden will. Den Aufwand für eine Internetpräsenz könnt ihr dann erst einmal verschieben und eure Zeit und Energie ganz in die inhaltliche Arbeit stecken.

Je nachdem, wie sehr euch dieses Thema liegt, können der Aufbau und die Pflege einer Internetpräsenz recht aufwendig sein. Wie bei vielen Dingen gilt auch hier: Benutzbar geht vor perfekt. Gemäß einer Faustregel, die in erstaunlich vielen Anwendungsfällen zutrifft, lassen sich in 20 Prozent der Zeit 80 Prozent der Arbeit erledigen. Für die verbleibenden 20 Prozent müssen dann im Umkehrschluss 80 Prozent der Zeit aufgewendet werden. Das Vierfache an Aufwand für nur ein Viertel mehr an Ergebnis! Man ist also bei der Erledigung der ersten vier Fünftel einer Aufgabe sechzehnmal produktiver als beim letzten Fünftel. Es drängt sich die Vermutung auf, dass es sinnvoll sein könnte, mit der Erledigung einer Aufgabe erst einmal aufzuhören, sobald die unbedingt erforderlichen Elemente abgearbeitet sind. Bevor man sich den Nice-to-haves zuwendet, sind Zeit und Energie bei einer anderen, bisher komplett unerledigten Aufgabe besser angelegt. Dort ist man dann anfangs wieder sechzehnmal produktiver als beim letzten Feinschliff der fast erledigten Aufgabe.

Diese Vorgehensweise ist natürlich nur in der Anfangsphase eurer Genossenschaft zu empfehlen, bzw. immer dann, wenn sich akute Zeitnot einstellt und viele Dinge gleichzeitig getan werden müssen. Perfektion, oder besser: das Streben nach Exzellenz, ist zwar nicht immer produktiv, hat aber eine nicht zu unterschätzende Strahlkraft, nach innen wie nach außen.

Aber zurück zur Internetpräsenz: Über die Einrichtung und Pflege einer Internetpräsenz gibt es zahlreiche Bücher. Dieses ist keines davon. Deshalb nur ein paar kurze Tipps dazu: Bevor ihr eines dieser Bücher kauft, recherchiert dazu im Internet und schaut euch Tutorials an. Für die ersten 80 Prozent wird das wahrscheinlich reichen.

Sollte die Programmierung von Webpräsenzen nicht zu euren Kernkompetenzen gehören, dann denkt gar nicht erst darüber nach, euch über entsprechende Programmiersprachen zu informieren. Zumindest nicht, bevor ihr alle anderen Aufgaben zu 80 Prozent erledigt habt. Es gibt Content Management Systeme (CMS), man kann sie auch Baukastensysteme nennen. Sie sind auch für Laien nach kurzer Einarbeitung leicht zu handhaben und schon in wenigen Stunden kann man mit ihnen einfache Webpräsenzen aufbauen. Von diesen CMS wird eines mit Abstand am häufigsten verwendet: WordPress. Weniger bekannte tragen Namen wie Joomla und Drupal.

Bevor ihr euch mit CMS befasst, solltet ihr euch zuerst eine Adresse (Domain) überlegen, unter der eure Genossenschaft im Internet gefunden werden kann. Diese sollte sprechend sein, also idealerweise den Namen eurer Genossenschaft abbilden. Zum Beispiel www.buerger-energie-beispielhausen.de

Bei der Registrierung eurer Wunschdomain könnt ihr euch eines Dienstleisters (Provider) bedienen. Vergleicht aber vorher die Leistungen und die Preise. Diese Dienstleister bieten meist auch Zugang zu einem CMS, sodass ihr vieles oder alles, was ihr für eure Internetpräsenz benötigt, aus einer Hand bekommen könnt.

Die Verwaltung und Registrierung läuft in Deutschland zentral über die gemeinnützige Organisation Denic. Auch sie ist übrigens eine eingetragene Genossenschaft. Auf deren Webpräsenz ist der Weg zu eurer eigenen Webpräsenz auch noch einmal mit einfachen Worten Schritt für Schritt erläutert. Ebenfalls dort könnt ihr prüfen, ob die Domain, die ihr in die engere Auswahl gezogen habt (www.saubere-energie-beispielhausen.de, www.gemeinschaftsacker-beispielhausen), noch frei ist und durch euch registriert werden kann.

Epilog

Wünsche des Autors

Jetzt habe ich dir alles erzählt, was ich über die Gründung einer Genossenschaft weiß. Und das ist wesentlich mehr, als ich vor der Gründung der Bürger-Energie Lüdenscheid wusste. Diese Gründung mit 14 Gründerinnen und Gründern wurde ein Erfolg und es gibt keinen Grund, warum die Gründung deiner/eurer Genossenschaft nicht auch ein Erfolg werden sollte.

Ein Hinweis noch: Auch wenn die Wiedererkennungsrate vermutlich überwiegend hoch sein wird, wirst du dennoch auf deinem Weg nicht alles so idealtypisch antreffen, wie ich es hier beschrieben habe. Ich habe alles nach bestem Wissen geschildert. Aber dennoch handelt es sich bei allem, was du in diesem Buch findest, um meine persönliche Wahrnehmung oder Einschätzung, die Irrtümern unterliegen können. Zudem handelt es sich bei vielem um Momentaufnahmen. Die Umstände können sich über die Zeit also geringfügig oder auch mal in größerem Maßstab ändern. Vielleicht hat sich einiges auch schon geändert, ohne dass ich es mitbekommen habe.

Das ist auch der Grund, weshalb ich mich sehr über Rückmeldungen zur Weiterentwicklung dieses Buches freuen werde. Findest du etwas anders vor als beschrieben? Treffen euch unerwartete Ereignisse? Habt ihr ein pfiffiges Geschäftsmodell für Genossenschaften gefunden/entwickelt, das ihr in diesem Buch vermisst habt? Bitte teilt es mit mir und es wird in künftige Auflagen des Buches einfließen und anderen die Gründung erleichtern können.

Aber auch jede Nachricht über eine Gründung, die durch dieses Buch inspiriert wurde, gibt Rückenwind und ist mir sehr willkommen.

Und eines noch zur Erinnerung: Solltest du auf deinem Weg an einen Punkt gelangen, an dem du nicht weiterkommst, dann lass dir helfen: Begeistere früh Mitstreiter und nimm auch Kontakt zu Genossenschaften auf, die bereits erfolgreich sind! Das Genossenschaftswesen ist eine Szene, in der man sich gern hilft.

Nun bleibt mir an dieser Stelle nur noch, dir viel Erfolg zu wünschen! Leg los, sei so gut, wie du kannst, und lass dich nicht beirren!

Stefan Hoffmann
Lüdenscheid, im April 2021

Anhang 1: Windräder in Bürgerhand

Windenergie ist ein schwieriges Thema. Einerseits sind Windräder ein wesentlicher Baustein eines Umstiegs auf 100 Prozent erneuerbare Energien. Andererseits sind sie optisch viele Kilometer und akustisch viele Hundert Meter weit wahrnehmbar. Menschen, die in der näheren Umgebung wohnen, empfinden das teilweise als Beeinträchtigung ihrer Lebensqualität. Verstärkt wird dieses Empfinden oft, weil Windräder in der Regel von überregional tätigen Planern gebaut werden, von denen viele durch ihren Erfolg nach und nach zu mittelständischen Unternehmen oder sogar zu kleinen Konzernen geworden sind. Das Gleiche gilt für Energiekonzerne, die ebenfalls die Windenergie als lukratives Investment entdeckt haben. Der finanzielle Gewinn der Windenergienutzung konzentriert sich dadurch in vielen Fällen auf wenige Nutznießer, während die optischen und akustischen Auswirkungen von vielen betroffenen Menschen zu tragen sind.

Dass diese extreme Ungleichverteilung von Kosten und Nutzen nicht für Akzeptanz sorgt, liegt auf der Hand. So ist es auch nicht verwunderlich, dass sich in den letzten Jahren fast überall dort Protestinitiativen gebildet haben, wo mit den Planungen von neuen Windrädern begonnen wurde.

Das hat die Stimmung vielerorts gegen die grundsätzlich sehr sinnvolle und so dringend benötigte Windenergie angeheizt. Würden hingegen die Menschen vor Ort die Windräder als ihre eigenen Windräder begreifen können, fiele es den meisten von ihnen auch leichter, die Veränderungen, die die Windräder mit sich bringen, als ihren persönlichen Beitrag zum Klimaschutz zu sehen.

Nun kann man nicht einfach sagen, dass Windräder nur noch von Menschen aus dem näheren Umkreis der jeweiligen Standorte gebaut werden dürfen. Das ließe sich durch Gesetze und Verordnungen vielleicht hinbekommen. Aber sinnvoll wäre das nicht. Im Gegenteil: Um ein Windenergieprojekt zum Erfolg zu führen, sind umfassende Kenntnisse erforderlich. Kenntnisse, die erfahrene Planungsunternehmen mitbringen. Zudem sind gerade am Anfang große Investitionen zu tätigen. Für Genehmigungen und Gutachten kommen über die Jahre, die so eine Planung dauert, viele 10.000 Euro oder gar sechsstellige Summen pro Windrad zusammen. Und all das ist sozusagen Risikokapital, bevor nicht ein Windrad die erste Kilowattstunde Strom erzeugt hat. Oft tauchen im Genehmigungsverfahren Hindernisse auf, die eine Genehmigung am geplanten Standort unmöglich machen. Das eingesetzte Geld ist dann unwiederbringlich verloren.

Wenn nun Bürger*innen einer Stadt oder Gemeinde gemeinsam ein einzelnes Windenergieprojekt planen würden, wäre das auch ein Glücksspiel. Es kann klappen oder nicht. Für überregionale Planungsunternehmen beispielsweise oder Stadtwerke, die regelmäßig Windräder planen, ist das Risiko aber überschaubar. Wenn man an zehn unterschiedlichen Standorten Windräder plant, dann ist zu erwarten, dass zumindest einige davon genehmigt werden. Und da Windenergieprojekte oft hochrentabel sind, kann manchmal sogar ein einziges genehmigtes Windrad an einem guten Standort reichen, um die Kosten für die Planung von zehn und mehr Windrädern wieder einzuspielen.

Wir haben also die Situation, dass zwei Gruppen von Akteuren jeweils über eine wichtige Zutat verfügen, um Windenergieprojekte durchzuführen. Die einen können für die nötigen Anfangsinvestitionen sorgen, die anderen für die nötige Akzeptanz vor Ort. Beide Gruppen bauen derzeit aber kaum Windräder, weil ihnen fast immer eines von beiden fehlt. Entweder mangelt es der Bürgerenergie am

Risikokapital oder Planungsunternehmen mangelt es an Akzeptanz in der Bevölkerung.

Wie kann man das lösen? Die Antwort liegt auf der Hand: Echte Bürgerbeteiligung!

Aber was ist echte Bürgerbeteiligung? Damit ist keineswegs gemeint, dass sich ein Planungsunternehmen die Akzeptanz durch Spenden an eine Stadt oder Dorfgemeinschaft quasi erkauft oder auch durch regelmäßige Zahlungen eine Pseudobeteiligung vortäuscht. Echt ist Bürgerbeteiligung meiner Meinung nach nur, wenn den Menschen vor Ort einige der geplanten Windräder gehören. Nur dann können sie ein Windrad als *ihr* Windrad empfinden. Und nur dann finden sie es vielleicht sogar gut, was sie manchmal von ihm sehen und hören.

Nun haben einzelne Bürger*innen oder eine bereits gegründete Energiegenossenschaft unter anderem aufgrund ihres Erfahrungsdefizits meist eine schlechte Verhandlungsposition gegenüber Planungsunternehmen. Deshalb ist es für erfolgreiche und akzeptierte Windenergieprojekte meiner Ansicht nach unabdingbar, dass die entsprechende Stadt oder Gemeinde aktiv eine gestaltende Rolle einnimmt. Konkret sind es die für die Stadt oder Gemeinde handelnden Politiker*innen und Verwaltungsmitarbeitende, die an dieser Stelle gefragt sind.

Jede Stadt oder Gemeinde ist derzeit, vereinfacht gesagt, durch Bundesgesetz verpflichtet, Windenergie an irgendeiner Stelle ihres Gebietes in angemessenem Umfang zuzulassen. Über entsprechende Planungen können bestimmte Gebiete für die Windenergie festgelegt werden. In diesen Gebieten können Windräder gebaut werden, wenn alle zur Genehmigung erforderlichen Voraussetzungen erfüllt sind. Außerhalb dieser Gebiete können dann in der Regel keine Windräder gebaut werden. Hierbei gibt es zwei oft übersehene oder missverstandene Besonderheiten:

1. Verzichtet eine Stadt oder Gemeinde darauf, Gebiete für Windenergie festzulegen, müsste sie Windräder an *jeder* Stelle ihres Gebiets hinnehmen, sofern sie genehmigungsfähig sind. Ein Nichtfestlegen auf Gebiete für Windenergie führt also manchmal dazu, dass letztendlich mehr Windräder gebaut werden, als durch eine Festlegung auf konkrete Gebiete.
2. Legt die Stadt oder Gemeinde nur sehr wenige Gebiete fest bzw. Gebiete, die ungeeignet sind (wenig Wind oder keine Aussicht auf Genehmigungsfähigkeit), kann das dazu führen, dass auch in diesem Fall an *jeder* Stelle des Gemeindegebietes Windräder gebaut werden dürfen.

In beiden Fällen muss die Genehmigung zwar meist eingeklagt werden, aber das schreckt kapitalstarke Unternehmen selten ab.

Das Dilemma, in dem Lokalpolitiker nun stecken, liegt darin, dass sich Initiativen gegen Windenergie dieser nicht einfach zu durchschauenden Gesetzeslage oft nicht bewusst sind. Sie gehen davon aus, dass der gewählte Stadt- oder Gemeinderat in einer Abstimmung einfach gegen ein Windenergievorhaben stimmen könnte – und schon wäre das Thema erledigt: Keine Windräder werden gebaut. Wer nicht dagegen stimmt, gerät deshalb leicht in den Verdacht, die Interessen der Anwohner zu verraten.

Aus diesem Grund kommt es häufig vor, dass lokale Politiker über die Parteigrenzen hinweg zwar durchaus davon überzeugt sind, dass eine gezielte Steuerung der Windenergienutzung sinnvoll ist. Sie trauen sich jedoch oft nicht, sich öffentlich für eine solche aktive Steuerung durch die Gemeinde auszusprechen. Denn was bei den in den Initiativen gegen die Windräder organisierten Kritikern hängen bleibt, ist meist nicht die komplexe Botschaft: »Lasst uns an dieser und jener Stelle zehn (als Beispiel) Windräder bauen, an der sie sich besser ins Landschaftsbild einpassen als anderswo. Dadurch schaffen wir auch Sicherheit, dass nicht zwanzig (als Beispiel)

Windräder wild über das ganze Gemeindegebiet verstreut gebaut werden.«

Die Botschaft, die stattdessen beim emotional aufgeladenen Wähler ankommt, ist stark verkürzt: »Ich bin für Windräder.« Jetzt hören die meisten nicht mehr zu. Die entsprechenden Politiker*innen sind für sie verbrannt. Sie wählen sie nicht wieder und machen vielleicht sogar noch Stimmung gegen sie.

Es gehört also eine gehörige Portion Mut und gut organisierte Kommunikation dazu, um sich als Lokalpolitiker*in für die gezielte Planung und Steuerung von Windenergie einzusetzen. Ich erlebe immer wieder Politiker*innen, die das wagen. Manchmal nur vorsichtig und mehrdeutig, damit man noch zurückrudern kann, falls einem niemand zur Seite springt. Aber immer beharrlich. Bei jeder Gelegenheit ein neuer Versuchsballon. Auch so kann es gelingen, der Bevölkerung nach und nach die geschilderten komplexen Rahmenbedingungen bewusst zu machen und die Einsicht gewinnen zu lassen, dass nur mit aktiver Steuerung ein Wildwuchs verhindert und Bürgerbeteiligung ermöglicht werden kann.

Einfacher wird es dort, wo es gelingt, einen überparteilichen Konsens über die aktive Gestaltung der Windenergienutzung herzustellen. Dann muss niemand um seine Wiederwahl fürchten. Im Gegenteil bietet sich hierdurch für viele die Möglichkeit, sich als kluge Gestalter des Klimaschutzes hervorzutun.

Und mit solch einer parteiübergreifenden Entschlossenheit zur Gestaltung kann letztendlich auch die Akzeptanz für die Windenergienutzung quer durch die ganze Bevölkerung und auch bei den Anwohnern geschaffen werden. Wie das gelingen könnte, skizziere ich in drei Schritten eines fiktiven Beispiels:

1. In einem ersten Schritt legt eine Gemeinde eine geringe, aber nicht zu geringe Menge an Flächen fest, auf denen sie Windräder zulassen möchte. Zu gering deshalb nicht, weil durch das erwähnte Bundesgesetz der Windenergie angemessen Raum gegeben werden

muss, wenn eine Ausschlusswirkung für alle andere Flächen herbeigeführt werden soll. Stellt die Gemeinde zu wenig Flächen zur Verfügung, haben Klagen auf Genehmigung an zusätzlichen Standorten größere Aussicht auf Erfolg und dem Wildwuchs bleiben auch weiterhin Tür und Tor geöffnet. Eine Gemeinde, in der geschätzt 20 genehmigungsfähige Standorte für Windräder existieren, wäre also gut beraten, nicht nur Flächen für zwei Windräder auszuweisen, wenn vielleicht sechs bis acht Windräder nach Abwägung aller Interessen angemessen wären.

In vielen Gemeinden, die noch keine Gebiete für Windenergie ausgewiesen haben, liegen bereits zahlreiche Bauanträge vor, von denen vermutlich ein Teil spätestens auf dem Klageweg eine Genehmigung bekommen wird. Eine solche Gemeinde könnte nun die Gebiete für Windenergie um diejenigen der bereits beantragten Standorte ausweisen, die auch ohne diese Ausweisung große Aussicht auf Genehmigung hätten. Somit werden möglicherweise im Endeffekt nicht mehr Windräder gebaut als ohne Ausweisung, vielleicht sogar weniger.

Mit Schritt 1 hätte die Gemeinde ein deutlich höheres Maß an Rechtssicherheit für sich und andere Akteure geschaffen und mit einiger Wahrscheinlichkeit erreicht, dass ein in Zukunft beantragtes Windrad außerhalb der beschlossenen Gebiete nur mit weiteren lokalpolitischen Beschlüssen Aussicht auf Genehmigung hat.

2. Das wäre sozusagen die Pflicht. Nun könnte noch die Kür kommen: Dabei kann die Gemeinde weitere Flächen für die Windenergie bestimmen. Aber sie müsste es nicht. Die Gestaltungsmacht läge dank Schritt 1 nun wieder in ihrer Hand. Und da sie handeln kann, aber nicht muss, könnte sie auch die Bedingungen festlegen, unter denen der Zubau von weiteren Windrädern erfolgen soll. Diese Bedingungen sollten meines Erachtens dann echte Bürgerbeteiligung ermöglichen. Die Chancen, das zu erreichen, stünden nach Schritt 1 nicht schlecht. Planungsunternehmen könnten jetzt nur noch zu den

Bedingungen, die die Gemeinde vorgibt, weitere Windräder bauen – oder eben nicht. Da das Wesen von Windenergieplanungsunternehmen darin besteht, Windräder zu planen, und nicht darin, keine Windräder zu planen, scheint es aussichtsreich, dass viele von ihnen die neuen Bedingungen als Chance begreifen.

Ganz wichtig wäre es meines Erachtens, in jedem Fall zu gewährleisten, dass die Planungsunternehmen nach erfolgreicher Genehmigung den Bürger*innen die Windräder nicht zu Marktpreisen verkaufen. Man muss dazu Folgendes wissen: Zu jedem Zeitpunkt gibt es an einem idealtypischen Markt für Investitionsgüter eine bestimmte Rendite, zu der Investoren bereit sind, ihr Kapital für längere Zeit zu binden. Das führt dazu, dass fertig entwickelte Projekte für potenzielle Käufer oft die gleiche Rendite haben, nämlich die niedrigste (!) am Markt für Investitionsgüter gerade noch durchsetzbare Rendite. Je niedriger die Rendite für den Käufer, desto höher der Profit des Verkäufers. Bemerkenswert dabei ist, dass in diesem Fall die Rendite des Käufers dabei völlig unabhängig vom Windertrag ist. Der Mehrertrag, den ein guter Standort über 20 Jahre einspielen wird, landet komplett bereits zum Zeitpunkt des Verkaufs beim Verkäufer des Windenergieprojektes. Für ein Windrad an einem sehr windreichen Standort muss ein Investor dadurch mitunter doppelt so viel an den Verkäufer bezahlen, wie für ein technisch völlig identisches Windrad an einem schlechteren Standort. Die Rendite für den Käufer ist in beiden Fällen gleich. Die Gewinne für den Verkäufer aber sind im ersten Fall gigantisch. So sind die Spielregeln in einer manchmal etwas zu freien Marktwirtschaft.

Deshalb ist Windenergie für Unternehmen, die auf eigene Rechnung planen, so lukrativ. Und auch deshalb sollte Windenergie zu einem größeren Teil als heute in der Hand der Bürger*innen sein.

Es wäre also wichtig, dass Politik und Verwaltung die Spielregeln lokal derart beeinflussen, dass am Ende einige der Windräder der örtlichen Bürgergenossenschaft gehören. Entscheidend ist dabei, dass der Preis, den die Bürgergenossenschaft an die Verkäufer zahlt, nicht mehr umfasst als die reine Hardware (Windrad, Fundament, Trafo, Kranstellfläche, Zuwegung, Verkabelung) zu Einkaufspreisen plus genau abgerechnete und nachvollziehbare Planungsvergütung auf angemessener Stundenlohnbasis. Keinesfalls sollten dann kalkulatorische Gewinne, Zinsen, Risikoprämien oder Ähnliches einfließen dürfen.

Auch andere Wege, um die Bürgerbeteiligung am Ertrag zu gewährleisten, sind denkbar. Hierbei ist das Verhalten der Grundstückseigentümer entscheidend. Wenn diese geeignete Nutzungsverträge für (potenzielle) Standorte von Windrädern mit der lokalen Energiegenossenschaft schließen, kann dann in der Regel für die Dauer dieser Nutzungsverträge niemand anderes auf diesen Grundstücken Windräder bauen.

Planungsunternehmen könnten sich dann zum Beispiel in einer Ausschreibung bei der Bürgerenergie bewerben. Eine denkbare Vereinbarung im Rahmen einer solchen Ausschreibung könnte sein, dass die Planungsunternehmen, die von der Bürgerenergie den Zuschlag bekommen, dann auf eigenes Risiko für sich und kostenlos für die Bürgerenergie die Windräder planen und projektieren. Im Erfolgsfall bekämen sie die verauslagten Kosten für die Windräder von der Bürgerenergie erstattet und zusätzlich einen Teil der Nutzungsverträge von der Bürgerenergie überschrieben. Ein Planungsunternehmen, das auf diese Weise beispielsweise zehn Windräder plant und letztendlich fünf Windräder selbst bauen, betreiben und/oder weiterverkaufen kann, dürfte damit immer noch ein sehr gutes Geschäft machen.

Wenn es eine Ausschreibung gibt, kann die Bürgergenossenschaft aus dem Kreis der Bewerber diejenigen Planungsunternehmen auswählen, die für ihre Planungsleistungen und die Risikoübernahme am wenigsten Standorte fordern. Es ist durchaus denkbar, dass auf diese Weise die Hälfte oder mehr aller Windräder in einer Gemeinde letztendlich den Bürger*innen gehören. Und dies sogar, ohne dass die Bürger*innen dafür vorher ein finanzielles Risiko für die Planung eingehen müssten.

Je nachdem, ob und wie viele Anträge bereits vorliegen, könnte die Gemeinde Elemente von Schritt 2 auch schon in Schritt 1 einfließen lassen.

3. Nach ein paar Jahren hat die Bürgergenossenschaft mit ihren Windrädern vielleicht so viel Geld verdient, dass sie das finanzielle Risiko weiterer Projektplanungen vielleicht auch ganz allein tragen kann und will. Im Erfolgsfall müssten dann keine Standorte mehr an fremde Planungsunternehmen abgegeben werden und 100 Prozent der Wertschöpfung jedes weiteren Windrades verblieben in der Gemeinde. Will die Bürgergenossenschaft das Risiko nicht selbst eingehen, könnte stattdessen aber auch Schritt 2 für jeden weiteren von der Gemeinde beschlossenen Standort mit externen Planern und Ausschreibung wiederholt werden.

All dies könnte mit einem vertrauensvollen Gespräch in jeder Gemeinde beginnen – zwischen Politik, Verwaltung und engagierten Bürger*innen. Und in einem weiteren Schritt mit den Planungsunternehmen bzw. Projektentwicklern. Von beiden gibt es eine große Anzahl und viele von ihnen haben in den letzten 20 Jahren sehr gute Arbeit geleistet. Aus Gruppen, die in der Vergangenheit in vielen Gemeinden Gegner waren, könnten so in Zukunft Verbündete werden. Verbündete im Kampf gegen die drohende Klimakatastrophe und zum Vorteil aller Beteiligten.

Anhang 2: Linksammlung

Links zu Kapitel 2: Was es schon gibt – Betätigungsfelder für Genossenschaften

https://laneg.de
LaNEG – Landesnetzwerk Bürgerenergiegenossenschaften Rheinland-Pfalz e. V.

https://www.buendnis-buergerenergie.de/
BBEn – Bündnis Bürger-Energie

https://www.buergerenergie-bayern.org/
Bürgerenergie Bayern e. V.

http://www.buergerenergie-thueringen.de/
BürgerEnergie Thüringen e. V.

https://naturstrom-vor-ort.de/
Regionalstrom- und Mieterstrom-Tarife für Energiegenossenschaften

https://www.ews-schoenau.de/
Ökostrom-Pioniere. Erster Kauf eines Stromnetzes durch eine Bürgergenossenschaft

https://www.greenpeace-energy.de
Ebenfalls Ökostrom-Pioniere

https://buergerwerke.de/
Ebenfalls Stromtarife für Energiegenossenschaften, zusätzlich Bürgergas

https://www.solidarische-landwirtschaft.org
Netzwerk Solidarische Landwirtschaft e. V.

https://be-rhein-sieg.de/carsharing.html
Carsharing-Angebot der BürgerEnergie Rhein-Sieg eG

https://www.carsharing-ettenheim.org/
Carsharing-Angebot der Ettenheimer Bürgerenergie eG

https://www.stattauto-hl.de
StattAuto eG (Carsharing-Pioniere)

https://www.gv-bayern.de/standard/artikel/carsharing-bei-bayerischen-genossen-schaften-9258
Beispiele für Carsharing bei bayerischen Genossenschaften

https://www.kulturquartier-erfurt.de/genossenschaft/
Genossenschaft zum Kauf das Erfurter Schauspielhauses

https://kulturgenossenschaft-lich.de/
Kino, Theater etc. im durch die Genossenschaft gesicherten Gebäude

https://www.nordstadt-braut.de/
Brauereigenossenschaft aus der Hannoveraner Nordstadt

https://www.ismaninger.de/
Brauereigenossenschaft Ismaning im Landkreis München

https://bioboden.de
Genossenschaft zur Flächensicherung für Bio-Anbau

https://www.wg-ellerhoop.de
Wasser-Genossenschaft Ellerhoop

www.schuelergeno.de
Infos zur Gründung einer Schülergenossenschaft

https://www.genossenschaften.de/wir-sind-ein-gewinn-f-r-deutschland
Dutzende Beispiele für existierende Genossenschaften aus unterschiedlichsten Bereichen

https://www.genossenschaftsverband.de/newsroom/magazin-genial/themen/in-den-regionen/
Weitere Beispiele für Genossenschaften, geordnet nach Regionen

Links zu Kapitel 3: Wie gründe ich eine Genossenschaft? Eine Anleitung in acht Schritten

https://www.genossenschaftsverband.de/site/assets/files/30787/kleinstgenossenschaft.pdf
Mustersatzung für kleine Genossenschaften

https://www.gesetze-im-internet.de/geng
Genossenschaftsgesetz

https://de.wikipedia.org/wiki/Pr%C3%BCfungsverband
Übersicht genossenschaftlicher Prüfungsverbände in Deutschland

https://www.denic.de
Zentrale Registrierungsstelle für .de-Domains

Anmerkungen

1 Statista GmbH: Anzahl der Gemeinden in Deutschland nach Gemeindegrößenklassen (2020).
[https://de.statista.com/statistik/daten/studie/1254/umfrage/anzahl-der-gemeinden-in-deutschland-nach-gemeindegroessenklassen]

2 Handelsblatt: Studie: Reichste zehn Prozent besitzen gut zwei Drittel des Vermögens (2020).
[https://www.handelsblatt.com/politik/deutschland/vermoegensverteilung-studie-die-reichste-zehn-prozent-besitzen-gut-zwei-drittel-des-vermoegens/26006588.html?ticket=ST-3298557-EmLQZPOe2hWtNq11FItg-ap6]

3 Wikipedia (2011): Subsidiarität.
[https://de.: wikipedia.org/wiki/Subsidiarit%C3%A4t]

4 Bill Mc Kibben (2019): Die taumelnde Welt.
Wofür wir im 21. Jahrhundert kämpfen müssen, München, S. 105–115.

5 EnergieAgentur.NRW GmbH (2017): Bestandsaufnahme fasst Bürgerenergie in Zahlen. [https://www.energieagentur.nrw/blogs/erneuerbare/beitraege/bestandsaufnahme-fasst-buergerenergie-in-zahlen]

6 Statista GmbH (2014): Anzahl der Energiegenossenschaften in Deutschland in den Jahren 2001 bis 2013.
[https://de.statista.com/statistik/daten/studie/224722/umfrage/anzahl-der-energiegenossenschaften-in-deutschland]

7 Landesnetzwerk BürgerEnergieGenossenschaften Rheinland-Pfalz e. V. (2019): Bürger.Macht.Energie. [https://laneg.de]

8 BürgerEnergieGenossenschaft eG (2020): Gemeinschaftsstiftung BürgerEnergie.
[https://www.beg-58.de/mitgliedschaft-in-der-beg-58/gemeinschaftsstiftung-buergerenergie]

9 Wikipedia (2020): Höfesterben.
[https://de.wikipedia.org/wiki/H%C3%B6festerben]

10 Agrar heute (2019): Höfesterben/EU: Jeden Tag geben 1.000 Bauern auf.
[https://www.agrarheute.com/ma]

11 Wikipedia (2021): Wohnungsbaugenossenschaft.
[https://de.wikipedia.org/wiki/Wohnungsbaugenossenschaft].

12 BürgerEnergieGenossenschaft eG (2020): Netzwerk.
[https://www.beg-58.de/energiegenossenschaft-beg-58/netzwerk]

13 Nonprofits-vernetzt.de (2017): Sozialgenossenschaften – eine Organisationsform mit Potenzial. [http://blog.nonprofits-vernetzt.de/sozialgenossenschaften-eine-form-mit-potenzial]

14 Bayerisches Staatsministerium für Familie, Arbeit und Soziales (2020): Zukunftsinitiative Sozialgenossenschaften: Anlaufstellen & Förderung. [https://www.sozialgenossenschaften.bayern.de/service/links/index.php#anschub]

15 1E9 Denkfabrik GmbH (2020): »Die globale Lieferkette wird digital, die Produktion lokal.«, sagt Lin Kayser über die Zukunft der Weltwirtschaft. [https://1e9.community/t/die-globale-lieferkette-wird-digital-die-produktion-lokal-sagt-lin-kayser-ueber-die-zukunft-der-weltwirtschaft/4041]

16 BioBoden Genossenschaft eG (2021): Starke Wurzeln. [https://bioboden.de/genossenschaft/historie]

17 Wasser-Genossenschaft Ellerhoop eG (2021): Unsere Entstehungsgeschichte. [https://www.wg-ellerhoop.de/ueber-die-wassergenossenschaft-ellerhoop]

18 Bundesministerium für Justiz und Verbraucherschutz (2021): § 6 Genossenschaftsgesetz. [https://www.gesetze-im-internet.de/geng/__6.html]

19 Wikipedia (2020): Prüfungsverband [https://de.wikipedia.org/wiki/Pr%C3%BCfungsverband]

20 Bundesministerium für Finanzen (2021): Formularcenter. [https://www.formulare-bfinv.de]